科学发展时代领导干部决策高层论坛 系列

经济社会统筹发展
——稳增长 调结构 促改革

# 十八届六中全会后党政干部关注的
# 重大理论与现实问题解读

本书课题组

严肃党内政治生活 净化党内政治生态

《关于新形势下党内政治生活的若干准则》

《中国共产党党内监督条例》

中共中央党校出版社

**图书在版编目（CIP）数据**

经济社会统筹发展：稳增长　调结构　促改革/《经济社会统筹发展：稳增长　调结构　促改革》课题组编．—北京：中共中央党校出版社，2016.11

ISBN 978-7-5035-5948-8

Ⅰ.①经…　Ⅱ.①经…　Ⅲ.①中国经济-经济增长-教材②产业结构调整-中国-教材③经济体制改革-中国-教材　Ⅳ.①F12

中国版本图书馆 CIP 数据核字（2016）第 235346 号

**经济社会统筹发展——稳增长　调结构　促改革**

**责任编辑**　井　琪　李　云　冯　研　王慧颖
**版式设计**　李　灵
**责任印制**　宋二顺
**责任校对**　马　晶
**出版发行**　中共中央党校出版社
**地　　址**　北京市海淀区大有庄 100 号
**电　　话**　（010）62805830（总编室）　（010）62805821（发行部）
（010）62805034（网络销售）　（010）62805822（读者服务部）
**传　　真**　（010）62881868
**经　　销**　全国新华书店
**印　　刷**　北京鑫海金澳印刷有限公司
**开　　本**　700 毫米×1000 毫米　1/16
**字　　数**　195 千字
**印　　张**　14.5
**版　　次**　2016 年 11 月第 1 版　　2016 年 11 月第 1 次印刷
**定　　价**　36.00 元

**网　　址**：www.dxcbs.net　**邮　　箱**：cbs@ccps.gov.cn
**微 信 ID**：中共中央党校出版社　**新浪微博**：@党校出版社

# 写在前面的话

从党的十六大以来,我们每年都要为党员领导干部学习贯彻党的代表大会以及各次全会精神和中央领导集体重大理论创新编写理论读本。十多年来，先后编写了《十六大后党政干部关注的若干重大理论与现实问题解读》《日新：领导干部看中国 2003》《中南海议题》《党员干部学理论》《马克思主义中国化的最新成果》《十八大后党政干部关注的若干重大理论与现实问题解读》等 22 本。可以说初具规模，渐成气候，成为了党员干部理论学习的年度教材。

实事求是地讲，由于编者水平所限和时间关系，这些书很难称得上精品，瑕疵之处很难说少，不足之处更不鲜见。但让我们欣慰的是，广大党员干部对这些书还是比较认可和欢迎的。

是什么原因呢？这恐怕与我们编写这些书的定位和着眼点有关。

我们把这些书定位于理论读本。所谓理论读本，即是介于理论著作与辅导读本之间的一种学习读本。它不是十年磨一剑的理论著作，不讲求体系的完整，不是以阳春白雪自居的学术专著，不拘泥于学科的界限，因而不故作深沉，也不板起脸孔教训人，语言平实、通俗，甚至还有些活泼，具有相当的可读性；它又不是那种会议一结束就出版的辅导读本，急就章，快是快了一些，但总不免有些蜻蜓点水的感觉。它适当进行了一定的理论纵深，甚至还有些理论探索，除了让读者对中央会议精神有一个全面的了解外，还给大家一些能引发思考的东西。而且它比较注意规范地反映权威部门和权威人士的讲话精神，还汇集了一定量的背景材料与数据资料，对某一问题感兴趣的同志，从中还可以找到一些或许对他写文章、作报告有用的东西。

我们的着眼点，就是为党员领导干部学习提供服务。建设学习型、服务型、创新型的马克思主义执政党是我们党顺应历史发展要求提出的新任务。党的十八大更是进一步要求广大党员、干部要提高运用科学理论分析和解决实际问题的能力。特别是在党的十八届六中全会上，中国共产党人对如何全面从严治党，严肃党内政治生活，加强党内监督提出了一系列新论断、新观点、新思路、新部署，所有这些“新”都有待于我们党员干部能认真去学习、自觉去学习、更好去学习，在深入、有效的学习中得到全面、准确、科学、深入的认识、理解、领会与把握。

而在火热地迈向全面建成小康社会的改革、发展、建设过程中，我们党员干部的工作是繁忙的、时间是宝贵的。如何在有限的时间内让我们的党员干部取得高效率的学习成果、达到高效益的学习目的，是我们教育和理论工作者义不容辞的职责。我们要通过编写更有针对性的、更符合党员干部特点的学习读本来完成这一使命。我们的理论读本就是这样一种尝试与这样一种努力，希望我们这本书能成为党员干部很好地学习、高效率地学习、有收获地学习习近平总书记系列重要讲话精神和党的十八大以来各次全会精神的益友与助手。

在本书编写过程中，我们特别邀请了近年来在思想理论研究方面比较活跃的一些机关部委中青年理论工作者，围绕在调研过程中广大党员干部提出的一些热点、重点、难点问题进行有针对性的解读。他们思想活跃、视野开阔、功底扎实，又多年从事党的干部教育，对于领导干部的所思、所想、所疑、所惑有比较切身的感受，相信会在配合广大党员干部理论和政治学习中起到有益的作用。

有一点需要说明的是，尽管本书是年度理论学习读本，每年都有每年的重点与特点，今年我们主要是围绕党的十八届六中全会审议通过的《关于新形势下党内政治生活的若干准则》和《中国共产党党内监督条例》这两大党内制度展开，但有些重大理论与现实问题是跨年度的，比如加强理论武装，对党的十八大以来治国理政新理念新思想新战略的研究与阐释是贯穿党的十八大以至未来相当长时期的学习重点。我们把这些内容作为做好全面从严治党的基础工程，专门列一篇进行阐述。

最后必须说的是，由于水平有限和时间关系，尽管我们已经作了很大努力，但肯定还会有这样那样的问题和不足，恭请同志们批评指正。

# 目录



## 理论武装篇

## 全面从严治党篇

## 党内生活篇

## 党内监督篇

# 导语　党的建设新的里程碑

党的十八届六中全会胜利闭幕了。这次会议既是对十八大以来全面从严治党取得重大成就的总检阅，又是对未来新的形势下进一步全面从严治党的总部署，还是对全面从严治党继续新赶考开辟新篇章的总动员。丰硕的成果、高度的共识、明确的信号，让党的十八届六中全会当之无愧成为中国共产党党的建设新的里程碑。

这新就新在对政党执政规律的认识更加深刻。

中国共产党作为执政党，要想执住政，执好政，打铁还需自身硬，加强党的建设是题中应有之义。执政时间长了，再加上“四大考验”，一些影响党的执政能力建设和先进性建设的问题就会潜滋暗长，全面从严治党作为重大的战略举措自然就需要凸显出来。

党的十八大以来，全面从严治党好戏连台，硕果累累：从“八项规定”切入反“四风”，通过群众路线教育实践活动和“三严三实”常态化教育转作风，堵在党和群众中间的那堵厚厚的墙被拆除了；既打“老虎”又拍“苍蝇”，雷霆万钧反腐败，党的肌体越来越健康，人民群众对党的信任支持拥护越来越坚实；不断扎紧制度的笼子，把纪律和规矩挺在前面，反腐败从治标走向治本，政治生态走向山清水秀；高扬理想信念，修好共产党人的“心学”，回归共产党人的“原教旨”，党的优良传统更彰显，党的政治优势更光大。正像全会公报指出的：“集中整饬党风，严厉惩治腐败，净化党内政治生态，党内政治生活展现新气象。”

但是，行百里者半九十，全面从严治党永远在路上。要把这一好的势头保持下去并且发扬光大，全面从严治党就要不断迈出新步伐，党的十八届六中全会要完成的正是这一任务。这一任务从严肃党内政治生活破题。

开展严肃认真的党内政治生活，是中国共产党的优良传统。中国共产党从成立之日起，就高度重视党内政治生活，在长期实践中逐步形成了以实事求是、理论联系实际、密切联系群众、批评和自我批评、民主集中制、严明党的纪律等为主要内容的党内政治生活基本规范。

但是，相当一段时间以来，党内政治生活越来越弱化，越来越虚化，越来越形式化，甚至娱乐化、庸俗化。一些党组织和一些党员表面上喊着同党中央保持一致，但实际上并没有当回事，他们对中央大政方针各自为政、自行其是；一些党员根本不知党内政治生活为何物，没有是非、没有香臭，做老好人一团和气、做木偶人不哼不哈、做两面人左右逢源；一些党组织甚至纵容团团伙伙、帮帮派派，退化为了小圈子、小团体进行利益交换的场所；等等。党内政治生活不正常，党内政治生态就会严重恶化；党内政治生态恶化，党内政治生活就不可能真正严肃认真起来。"生活"与"生态"互为因果，相互转化，这就是为什么习近平总书记把严肃党内政治生活与净化党内政治生态并列起来讲的道理所在。

党的十八大以来这四年全面从严治党的实践表明，严肃党内政治生活是全面从严治党的基础，党要管党必须从党内政治生活管起，从严治党必须从党内政治生活严起。

如何让党内政治生活真正严肃起来，还是制度靠得住。全面从严治党的根本依据是党章，但党章的要求要细化为各种具体的纪律、准则、条例、法规等等制度性安排。有细心的观察者注意到这次全会的一个细节变化。近若干年来中国共产党历届全会的会议成果往往是围绕会议主题作出一个《决定》，而这次则出现了两张"新面孔"：新制定的《关于新形势下党内政治生活的若干准则》和新修订的《中国共产党党内监督条例》。之所以如此，正是要彰显制度治党的决心。党的十八届六中全会管党治党，环环相扣，层层递进，对在新的形势下进一步全面从严治党作出了总部署，反映了对中国共产党执政规律认识的不断深化、实践的科学遵循。

这新就新在对政党政治使命的担当更加自觉。

中国共产党执政并不是为执政而执政，而是要通过执政实现远大理想，担当政治使命。中国共产党自成立之日起就把实现共产主义确立为远大理想，就把实现中华民族伟大复兴作为自己的历史使命，这一初心始终不渝。习近平总书记把能不能在日益复杂的国际国内环境下坚持住党的领导、坚持和发展中国特色社会主义作为需要我们一代一代共产党人回答的大问题，党的十八届六中全会正是对这一问题的继续回答。中国共产党领导中华民族伟大复兴，领导中国社会进行具有许多新的历史特点的伟大斗争舍我其谁，这是历史的自觉，这是时代的担当。通过全面从严治党，严肃党内政治生活，加强党内监督，不断增强党自我净化、自我完善、自我革新、自我提高能力，为更好地突出中国共产党领导这一中国特色社会主义最本质的特征，更好地发挥中国共产党领导这一中国特色社会主义制度的最大优势奠定了坚实的基础。

这新就新在对政党实践品格的坚守更加自信。

革命不容易，建设不容易，改革不容易，复兴更不容易。能很好地担当起这一政治使命的政党必须是坚强有核心的政党。中国共产党作为马克思主义政党一定要是一块整钢，不能是兴趣俱乐部，不能团团伙伙、圈子丛生。高度团结、高度统一，纪律严明、令行禁止是中国共产党最鲜明的实践品格，不论是严肃党内政治生活还是加强党内监督，其指向都是强化政治意识、大局意识、核心意识、看齐意识，确保在思想上政治上行动上始终同以习近平同志为核心的党中央保持高度一致，坚决维护领导核心、维护中央权威。对于这一点，我们理直气壮，坚定不移。中国共产党领导核心的确立，是发展伟大事业、开展伟大斗争的客观要求，是党的十八大以来治国理政实践的证明，是 8800 多万中国共产党员和 13 亿多中国人民的高度认同与支持。中国共产党当然要充分发挥党内民主，这是党的生命，是党增强创造活力的法宝，但决不能把社会民主的逻辑套用到党内民主。我们的党内民主是民主集中制下的民主，是志同道合的同志为了共同目标的思想激发、智慧涌流，不是不同利益群体的讨价还价与算计，更不是分庭抗礼，是要通过发扬党内民主实现党的团结统一而不是相反。

以党的十八届六中全会为标志，中国共产党全面从严治党进入了新的阶段，党的建设迈上了新的台阶，中国共产党领导的伟大事业又翻开了新的一页。

# 理论武装篇

思想理论上的坚定清醒是政治上坚定的前提。全党必须毫不动摇坚持马克思主义指导思想，党的各级组织必须坚持不懈抓好理论武装，广大党员、干部特别是高级干部必须自觉抓好学习、增强党性修养。把马克思主义理论作为必修课，认真学习马克思列宁主义、毛泽东思想、邓小平理论、“三个代表”重要思想、科学发展观，认真学习习近平总书记系列重要讲话精神，认真学习党章党规，不断提高马克思主义思想觉悟和理论水平。

# 专题一　21 世纪中国的马克思主义

伟大的时代呼唤伟大的理论，伟大的实践也孕育伟大的理论。党的十八大以来，以习近平为总书记的新一代中国共产党人开辟了中国特色社会主义的新实践新局面新境界，形成了一系列治国理政新理念新思想新战略，所有这一切集中体现于习近平总书记系列重要讲话中。习近平总书记系列重要讲话回应时代声音，顺应人民期待，谱写了马克思主义的新篇章，谱写了中国特色社会主义的新篇章，充分彰显出 21 世纪中国马克思主义的理论品格与实践品格。

## 一、马克思主义中国化最新成果

马克思主义是中国共产党和中国社会的指导思想，但指导中国共产党和中国社会的从来不是抽象的马克思主义本本，不是固化的马克思主义教条，而是把马克思主义中国化后的中国的马克思主义。

中国共产党 95 年的历史就是一部马克思主义中国化的历史。马克思主义中国化究其根本就是站在时代的潮头，把马克思主义与中国实际相结合，把马克思主义理论与中国实践相结合。每一个时代都有属于那一时代的中国马克思主义。

以毛泽东为代表的第一代中国共产党人从 20 世纪上半叶开始，把马克思主义与中国革命具体实践相结合，形成了毛泽东思想，实现了马克思主义中国化的第一次飞跃，从此中国有了指导取得革命成功和开拓社会主义道路的自己的马克思主义；以邓小平、江泽民、胡锦涛等为代表的新时期中国共产党人从 20 世纪 70 年代起，把马克思主义与中国改革发展建设的具体实践相结合，形成了包括邓小平理论、“三个代表”重要思想、科学发展观在内的中国特色社会主义理论体系，实现了马克思主义中国化的一次又一次飞跃，中国改革发展建设有了自己的理论旗帜。

进入新世纪以来，在时代步伐越来越强劲、越来越迅捷的脉动中，中国社会也站在了新的历史方位上。习近平总书记指出：“要跟上时代前进步伐，就不能身体已进入 21 世纪，而脑袋还停留在过去。”这番话本来是讲国际关系的，但用在马克思主义中国化上同样一语中的。新时代、新实践当然要造就马克思主义新形态。

21 世纪的时代特征在发生着深刻变化，世界历史的特点更为凸显。首先，全球政治经济深度交融又问题纷争，合作中有隔阂，对抗中有谅解；文化争论背后是政治诉求，环境纠纷根本在利益算计，世界各国、各经济体、各社会组织关系的错综复杂程度是 19、20 世纪难以想象的。同时，现代科技进步，特别是以互联网为代表的信息化技术推动着社会形态和社会发展方式深刻转型，新的组织形态、新的生产形态、新的消费形态乃至新的人与人、人与社会、人与自然的关系形态等都不断涌现，开始塑造全新社会结构与社会意义。更重要的是，西方资本主义内生矛盾的蔓延激化与中国特色社会主义的实践奇迹使得社会主义与资本主义这两种社会形态的攻守态势发生微妙变化。先前的金融危机、其后的难民问题以及正在进行中的美国大选奇闻逸事的频发等等，表明至少在心理上传统资本主义志得意满的那种自信开始消退，人类历史终结的论调风光不再。而中国社会对内大刀阔斧的“壮士断腕”、“刮骨疗毒”，对外倡导“一带一路”、构建人类命运共同体，透露出来的却是一种由内到外的自信与从容。

当代中国发展的历史方位也面临着重大转换。经过 60 余年的一以贯之，特别是 30 多年的高歌猛进，中国开始了从追随大国到引领大国的角色转变，从发展到全面发展的模式跨越，从大国向强国迈进的发展阶段跃迁。

——中国不再是简单地跟在西方大国后面亦步亦趋的欠发达国家，不再是市场经济与国际惯例的学徒，而是作为极具活力的发展中大国为世界经济领跑，为世界格局整容。“世界第二”“世界经济火车头”“从沉睡中醒来的狮子”“国际博弈新玩家”等这些称谓与描述，正是对这一角色转变的形象表达。

——中国也不再停留于单打一的经济建设，以经济建设为中心没有改变，但“中心”要与“全面”并驾齐驱，发展重心从狭义的经济发展拓展到了政治、文化、社会、生态全方位的发展。

——量的积累谓之大，质的提升方是强。中国已毫无疑问是世界大国了，但迈向世界强国尚需时日，更需努力，关键是还要有新作为。通往大国的旧船票是登不上强国这艘新船的。

正是立足于对21世纪时代特征的深刻洞察和当代中国发展方位的科学判断，以习近平同志为总书记的新一代中国共产党人不丢“老祖宗”注重说“新话”，在坚定不移坚持马克思主义的基础上，又不断发展和创新马克思主义。习近平总书记的系列重要讲话通过中华民族伟大复兴中国梦这一精神旗帜、“四个全面”的战略新布局、经济新常态与五大发展理念、新型国际关系和人类命运共同体等理论阐述，以宏大的战略眼光勾勒出21世纪中国和21世纪社会主义的前途命运，以科学的理论逻辑回答了新一代马克思主义者面对的时代课题与实践挑战，具体来说就是“什么是中华民族伟大复兴，如何实现中华民族伟大复兴”这一根本问题。这一问题以其对历史经验的深刻总结，对历史规律的深刻揭示，对现实问题的深入分析，对未来发展的深入思考，实现了马克思主义在21世纪中国的新飞跃，当之无愧地成为马克思主义中国化的最新成果。

## 二、中国特色社会主义理论体系最新成果

坚持和发展中国特色社会主义，是中国共产党人的庄严使命，也

是中国共产党人对中国人民的郑重承诺。但这同时又是一项长期的艰巨的历史任务，是一条前人不仅没有走过甚至都没有能详细描绘过的新路。关于建设什么样的社会主义、怎样建设社会主义这个根本问题，虽然早已经破题但远未结题。完成使命、兑现承诺，必须勇于实践、勇于变革、勇于创新，以我国改革开放和现代化建设的实际问题、以我们正在做的事情为中心，着眼于马克思主义理论的运用，着眼于对实际问题的理论思考，着眼于新的实践和新的发展。

经过数代中国共产党人的理论自觉，经过中国社会 30 多年的实践孕育，以邓小平理论、“三个代表”重要思想、科学发展观为主要内容的中国特色社会主义理论体系已蔚为壮观，成为系统完备的科学理论体系。但中国特色社会主义理论体系是完备的理论体系，也是开放的理论体系，当然也在随着实践的深化、时代的演进不断创新发展，以反映实践诉求，来彰显时代精神。习近平总书记指出：“坚持和发展中国特色社会主义是一篇大文章，邓小平同志为它确定了基本思路和基本原则，以江泽民同志为核心的党的第三代中央领导集体、以胡锦涛同志为总书记的党中央在这篇大文章上都写下了精彩的篇章。现在，我们这一代共产党人的任务，就是继续把这篇大文章写下去。”

党的十八大以来，以习近平为总书记的新一代中国共产党人直面新情况、聚焦新发展、担当新使命，实践在创新、制度在创新、理论也在创新。比如，“中国梦”的提出，以其通俗亲和的话语表达方式给当代中国社会和中国人民一个既能有憧憬有超越又能看得见摸得着的目标，一个既科学崇高又喜闻乐见的理想，让中国特色社会主义更加亲和、更加清晰、更加具体，打造出了中国特色社会主义的“大众版”。再比如，“四个全面”战略新布局，全面建成小康社会、全面深化改革、全面依法治国、全面从严治党，相互支撑、相互促进，既描绘了美好蓝图，又规划出了路线图时间表，让中国特色社会主义在“全面”中高歌猛进；又比如，创新、协调、绿色、开放、共享五大发展理念深化了对中国特色社会主义发展规律的认识，丰富了对中国特色社会主义发展内涵的认识，强化了对中国特色社会主义发展价值的追求；还比如，“一带一路”“新型大国关系”“中拉时间”“欢迎搭中国发展的便车”等一连串的新话语勾勒出了中国特色社会主义和平发展道路的新图景，贡献出了处理当代国际关系的中国智慧和完善全球治理的中国方案；等等。

这一系列内容都生动完整地体现在习近平总书记的系列重要讲话中。习近平总书记的系列重要讲话在深刻思考并回答什么是中华民族的伟大复兴、如何实现中华民族伟大复兴这一根本问题的同时，对中国共产党应该有什么样的担当、中国的国家治理应该走什么样的路、中国与世界应该是什么样的关系等时代对中国特色社会主义提出的重大理论与现实问题作出了更进一步的科学回答。这些理论创新构成了中国特色社会主义理论体系的最新成果，也丰富和发展了中国特色社会主义理论体系。

## 三、指导具有许多新的历史特点的伟大斗争的鲜活的马克思主义

马克思主义中国化不是为了装点门面，不能变成只是拿在手上的箭，连说“好箭”就是不发射。好箭是用来打靶射“的”的。马克思主义中国化就是要拿“马克思主义”这个“矢”来射中国这个“的”，解决中国的问题。

随着中国共产党治国理政进入新的境界，中国特色社会主义事业高歌猛进，中国社会毫无悬念地迈上了中等发达国家的台阶，一个全球性的大国巍然屹立于世界东方。但是正如邓小平当年指出的“发展起来以后的问题不比不发展时少”，甚至可能更复杂、更棘手。

比如，进入经济发展新常态意味着我们过去已经熟悉了的、习惯了的、用得很好的办法不再管用也不再能用，墨守成规、因循守旧不仅不可能实现有效的发展还会带来严峻的经济问题、环境问题乃至社

会政治问题；再比如，改革进入深水区、地雷阵，容易的、皆大欢喜的改革已经完成，好吃的肉都吃掉了，剩下的都是难啃的硬骨头，全面深化改革需要硬碰硬，需要再杀出一条血路；还比如，在市场经济的环境中保持政党的伟大光荣正确，政党成员的先进优秀，不仅要“洗洗澡”“出出汗”，还需要壮士断腕、刮骨疗毒以期浴火重生；等等。这些都是摆在中国共产党面前的新问题、难问题，甚至可以说是危机、是风险、是挑战。

更需要警觉的是，我们一些同志为过去的成就所骄傲，为眼前的成果所陶醉，小富即安，固步自封，无意识甚至不愿意正视繁荣背后的隐忧。习近平总书记曾多次引用古人一句话：“天下之患，最不可为者，名为治平无事，而其实有不测之忧。坐观其变而不为之所，则恐至于不可救。”迎面而来的危机并不可怕，意识不到危机，不愿意正视危机、不准备应对危机才是最大的危机。中国共产党带领中国社会从大国迈向强国，既要持之以恒地坚韧前行，更要经历“惊险的一跃”。马克思的这个比喻对今日的中国共产党来说恰如其分。跃过去了一片光明，跃不过去则一败涂地。

如何实现这“惊险的一跃”，不能沉迷于田园牧歌，不能指望巧舌如簧，不要幻想一团和气，而要随时准备进行具有许多新的历史特点的伟大斗争：维护国家主权的斗争，反分裂的斗争；有硝烟的军事斗争，没有硝烟的意识形态斗争；看得见的经济政治斗争，看不见的文化价值观斗争；反颠覆、与不怀好意对手的斗争，反腐败、与自身不良现象的斗争；等等。这些斗争是不以我们的意志为转移的，不会因为我们不去讲它就消失。战士情怀、勇于斗争则危机迎刃而解，鸵鸟心态、逃避斗争则问题养痈遗患。

党的十八大以来，以习近平为总书记的新一代中国共产党人常怀忧患之心，永葆担当之责，以中华民族伟大复兴中国梦为精神引领，以“四个全面”构建治国理政战略布局，以五大发展理念推动中国发展深刻变革，为我们进行具有许多新的历史特点的伟大斗争提供了鲜活的马克思主义理论武装。像转变作风“洗洗澡”、“出出汗”，反腐败既打“老虎”又拍“苍蝇”，意识形态要敢于“亮剑”，不要“爱惜羽毛”，文艺创作不能有“高原”无“高峰”，经济新常态不是“一个筐子”，保护环境“绿水青山就是金山银山”，政治制度不能想象突然就搬来一座“飞来峰”；马克思主义“真经”没念好，总想着“西天取经”，就要贻误大事，等等，这样鲜活的话语在习近平总书记的系列重要讲话中俯拾即是。

话语的鲜活背后是深刻的道理和管用的方略，它充分体现了中国共产党人不仅善于全面准确地掌握马克思主义立场、观点和方法，更能自觉运用马克思主义立场、观点和方法分析解决现实问题。

# 专题二　道路自信：治国理政新自觉

没有历史自觉，走不出国家治理新路；没有国家治理新路，实现不了伟大使命。党的十八届四中全会以清醒、深厚、高度的历史自觉，通过构建中国特色社会主义法治体系，在法治理念、治国方略、治理体系、执政方式等方面都实现了重大突破，为我们党更好担负起治国理政这一伟大使命奠定了坚实的基础。国家治理走出了一条新路。

这一条新路之所以走得辉煌，是因为我们在事关国家治理的一些基本问题上有高度的自觉。实践自觉、理论自觉、文化自觉、时代自觉，共同铸就了中华民族伟大复兴之路，铸就了当代中国国家治理现代化之路，铸就了建设社会主义法治国家之路。

## 一、国家治理的理论自觉

自从党的十八届三中全会把推进国家治理体系和治理能力现代化作为全面深化改革的总目标提出来后，国家治理现代化问题一时间成为整个社会关注的焦点和学术研究中的热点。在这些关注与研究中有一种看似无意识却不能掉以轻心的倾向，就是理论上把“国家治理”当成一个既定的乃至固定的概念来使用，行为上把“国家治理”当作一种既定的乃至固定的模式去模仿，目标上把“国家治理”想象为一种既定的乃至固定的状态去追求。但是，国家治理理念果真就是单面的吗？国家治理模式果真就是单线的吗？国家治理目标果真就是单向度的吗？答案当然是否定的。不过要把其中的道理讲清楚、说明白，首当其冲的是对国家治理的理论自觉。毕竟理论的成熟是政治坚定的基础，理论的自觉是行为科学的前提。

### （一）明确国家治理的“应该”

这些年来我们经常讲一句话，发展观决定发展模式。其实，国家治理观同样决定着国家治理模式。不同的国家治理观会导致不同的国家治理模式，不同的国家治理模式背后矗立着不同的国家治理观。

可能有人会说，国家治理体系说到底就是一个国家的制度体系，国家治理能力说到底就是这个国家的制度执行能力。而制度最大的特点就是一视同仁，正所谓“制度面前人人平等”，只要把大家都认可的制度，把其他国家已经做得很好的制度拿来给现代化了不就实现了国家治理体系和治理能力的现代化，去关注和讨论国家治理观又有什么意义？

此语看似与我们的常识相符，其实大谬。在制度哲学研究中有一个核心理念，就是“制度非中性原则”，任何制度都有它的优势策略与偏好群体，同一制度对于不同的群体、不同的行为模式、不同的社会阶段会产生截然不同乃至大相径庭的绩效。一个国家、一个社会、一个群体更需要什么、更重视什么、更珍贵什么、更希望什么直接决定着这一国家、这一社会、这一群体对制度模式的偏好与选择。

因此对于当代中国社会来说，国家治理的制度模式选择并不是简单地人云亦云、“拿来主义”，而是与其价值追求、社会理想、奋斗目标、伟大梦想紧紧联系在一起的，这一切决定了中国社会国家治理的“应该”：

——国家不富强，就会被开除“球籍”；民族不复兴，无颜担当龙的传人。当代中国的国家治理不是仅仅满足于把丛林状态的社会秩序化，不是说把一个社会给统治住就万事大吉，而是要把国家富强、民族复兴作为最基本的目标。我们要通过推进国家治理体系和治理能力现代化，让一个曾经饱受异族列强欺侮、目前尚是发展中国家的中国，经济发展、政治昌明、文化繁荣、社会和谐，到本世纪中叶成为富强民主文明和谐的社会主义现代化国家巍然屹立在世界东方；我们要通过推进国家治理体系和治理能力现代化，让一个能彰显五千年灿烂文化、能传承五千年悠久文明、能把自己的价值观与世界共享、能用自己的软实力促进世界共荣共进的中华民族傲然屹立于世界民族之林。实现不了这一目标的制度体系，说得再天花乱坠也一文不值。

——走向世界不等于丧失自我，为世界打工是要与世界共赢。中国社会不能沉湎于永远做西方社会的附庸跟班，不能幻想在群狼法则的世界中能让一只“和平、可亲、文明的狮子”独善其身；我们固然要善意遵守既有的世界规则，更要积极参与制定新的更公平正义的世界规则。要实现这一目标，在国家治理的制度选择方面就要走自己的路。中国在西方范式内对西方模式进行“移植”与“克隆”，可能会有小的进展，但难有大作为。同志们有研究博弈论的就会知道，后来者要想赶超先行者，差异化策略是唯一的选择。只有跳出西方模式的三界外，不在西方发展的五行中，突破与超越西方现有发展范式才能真正地“超英赶美”。

——国家富强、民族振兴落脚处还是人民幸福。中国国家治理最根本的，也是最高的目标是让中国人民自己当家作主过上更加富裕、更加有尊严的生活，让13亿中国人民能实现每个人的自由全面的发展。只有充分尊重人民群众的主体地位，充分发挥人民群众主人公的积极性，让人民群众自己当家作主实现自己发展，建设自己社会的制度才是我们国家治理体系应该选择的制度；只有让中国社会的一切发展都由人民群众主导，由人民群众决定，中国社会发展的一切成果，包括物质成果和精神成果都能为人民群众共享的制度，才是推进国家治理体系和治理能力现代化的题中应有之义。

### （二）立足国家治理的“可能”

明确了国家治理的“应该”只是前提，要想把这“应该”变为现实，还要关注国家治理的“可能”。选择什么样的国家治理体系、如何选择国家治理体系，并不是一件想当然的事情。离开了现实的经济社会条件、离开了具体的历史文化背景，推进国家治理体系和治理能力现代化就是空中楼阁，无根绢花。习近平总书记指出："一个国家选择什么样的治理体系，是由这个国家的历史传承、文化传统、经济社会发展水平决定的，是由这个国家的人民决定的。我国今天的国家治理体系，是在我国历史传承、文化传统、经济社会发展的基础上长期发展、渐进改进、内生性演化的结果。"这一论断充分反映了中国社会在国家治理体系选择上的科学认识和高度自觉。

国家治理并不是什么新生事物，伴随着人类社会国家的诞生就有了国家治理的要求与实践。不同时代、不同国家有着不同的国家治理体系和治理能力，不同的国家治理体系和治理能力决定着不同的国家治理绩效。就算曾经是很好也很管用的治理体系和治理能力，如果不能随着时代的变化、社会的演进与时俱进也会被历史淘汰。历史中国曾经建立了高度完备的、充分适应封建社会形态要求的、以封建制度为主要特征的国家治理体系，其治理能力更是在上千年的积累中不断精进，但是在时代已经发生大变革的背景下，在外来资本主义社会的坚船利炮面前不仅不堪一击，还为中国社会留下了近百年的耻辱。

那么，可不可以把别人的，尤其是曾经打赢我们的那些国家和社会的治理体系拿过来"师夷长技以制夷"呢？中国社会在鸦片战争以来确实做过诸多的尝试，像什么君主立宪制、议会制、多党制、总统制，当然也包括重新复辟帝制，各种办法都试过了，结果就像毛泽东当年所讲的，"我们中国人是很愿意向西方学习的，可学来学去总是老师欺负学生"，不仅不管用还更受欺侮。其实就算别人不欺负，也会水土不服，正所谓"橘生淮南则为橘，生于淮北则为枳，叶徒相似，其实味不同"。习近平总书记在浙江的时候讲过一个"驴马理论"的比喻，说的是：马比驴跑得快，一比较，发现马蹄比驴蹄长得好，于是把驴身上的蹄换作马的蹄，结果驴跑得反而更慢；接着再比较，又发现马腿比驴腿长得好，于是把驴身上的腿也换作马的腿，结果驴反而不能跑了。怎么办？走自己的路，一条适合自己、源于自己的路，这就是马克思主义指导下的社会主义道路。

这一治理体系之所以在中国社会成为可能，是因为这条道路契合了中国社会的历史传承、文化传统、经济社会发展水平，不仅是在改革开放 30 多年的伟大实践中走出来的，在中华人民共和国成立 60 多年的持续探索中走出来的，在对近代以来 170 多年中华民族发展历程的深刻总结中走出来的，更是在对中华民族 5000 多年悠久文明的传承中走出来的。其深厚的历史渊源和广泛的现实基础是任何制度体系不具备和难以企及的。

此外，找到一条正确的国家治理之道固然重要，但并不是全部，还需要把它所蕴含的能力、潜力尽可能地激发出来。如何把我们所选择的治理体系进一步完善，让它的治理能力进一步提高，实现治理体系和治理能力现代化，不可能一蹴而就，需要实践、需要时间。邓小平在 1992 年讲，“恐怕再有三十年的时间，我们才会在各方面形成一套更加成熟、更加定型的制度”。具体到要真正实现国家治理体系和治理能力现代化，让在党领导下管理国家的制度体系，包括经济、政治、文化、社会、生态文明和党的建设等各领域体制机制、法律法规安排，也就是一整套紧密相连、相互协调的国家制度真正现代化，让我们运用国家制度管理社会各方面事务，包括改革发展稳定、内政外交国防、治党治国治军等各个方面的能力真正现代化，恐怕时间还会更长一些。“长期发展、渐进改进、内生性演化”绝不只是过去完成时，更是现在乃至将来进行时。我们要对真正实现国家治理体系和治理能力现代化所意味着的漫长性、复杂性、甚至曲折性有充分心理准备，既不要急于求成、好大喜功，也不要颓废悲观，丧失信心。

### （三）坚定国家治理的“必然”

着眼国家治理的“应该”，立足国家治理的“可能”，中国特色社会主义制度就成为当代中国国家治理体系的必然选择了。党的十八届三中全会后，我们一些同志在解读全面深化改革总目标时，往往喜欢讲后一句“推进国家治理体系和治理能力现代化”。乍一看好像问题不大，但其实这会导致严重的甚至是颠覆性的错误。习近平总书记特别强调“必须完整理解和把握全面深化改革的总目标，这是两句话组成的一个整体，即完善和发展中国特色社会主义制度、推进国家治理体系和治理能力现代化。我们的方向就是中国特色社会主义道路”，其实就是针对这样一种现象讲的。

对于今日中国社会来说，国家治理体系是有确定内容的，这就是中国特色社会主义制度。所以国家治理体系现代化说到底就是中国特色社会主义制度的现代化，舍此无他。中国特色社会主义制度，坚持把根本政治制度、基本政治制度同基本经济制度以及各方面体制机制等具体制度有机结合起来，坚持把国家层面民主制度同基层民主制度有机结合起来，坚持把党的领导、人民当家作主、依法治国有机结合起来，符合我国国情，集中体现了中国特色社会主义的特点和优势，是中国发展进步走向现代化的根本制度保障，是实现中华民族伟大复兴中国梦的基本行为规范。

中国特色社会主义制度尚未成熟定型，但它依然必须做进一步的改革。但是这种改革是对中国特色社会主义制度的完善，不是全盘否定，不是另起炉灶，更不是连根拔起。比如，在市场经济背景下国有企业改革势在必行，但国企改革并非只是简单地私有化，一味地改变国有企业的所有制性质而不去搞内部的管理运行机制创新，未见得能解决国有企业中存在的真问题，但却会真的动摇社会主义的经济基础。政治体制改革要加快毋庸置疑，但发展社会主义民主政治绝对不意味着要取消中国共产党的领导，不意味着要放弃人民代表大会制度。我们不要动辄在任何问题上问姓“社”姓“资”，但政治体制的姓“社”与姓“资”是客观存在的，也不会因为不去问就没有了。

如果我们追求现代化追求到最后连中国社会近百年奋斗的发展道路、宗旨信仰都否定了，这还是我们期望中的现代化吗？习近平总书记说过："中国是一个大国，决不能在根本性问题上出现颠覆性错误，一旦出现就无法挽回、无法弥补。"什么是颠覆性的错误？那就是在进行国家治理的过程中迷失了正确的方向。

### （四）做好国家治理的"必须"

如果说国家治理体系的形成、选择有着不以人的意志为转移的客观历史性与现实必然性的话，那么优化治理体系、强化治理能力就是历史主体必须发挥其能动性的责任领域了。推进国家治理体系和治理能力现代化，我们必须做的事情很多，现仅摘要讲三点：

——必须保持精神独立性，用社会主义核心价值观打造国家治理的精神支撑。对于一个社会来讲，精神独立奠定了经济政治社会独立的前提，精神独立也保证了经济政治社会在真正意义上的独立。如果一个社会在精神层面上人云亦云、亦步亦趋、唯他人马首是瞻，不能在精神层面上想清楚、讲清楚什么是好，什么是应该，什么是有意义，怎么可能走出一条前无古人的新路，怎么可能确立起优越于他者的全新制度，又怎么可能把自己选定的道路信心百倍、义无反顾、坚定不移地走下去？如果中国社会不能在价值观方面赢得对西方社会的竞争优势，那么国家治理体系的竞争就丧失了舍我其谁的精神基础。

——必须勇于自我革命，在触动利益中完善和发展中国特色社会主义制度。坚持不是路径依赖，完善不能停留于零敲碎打的调整和碎片化修补。没有全方位、深层次、系统性改革，中国特色社会主义制度不可能实现创新性发展。我们今天讲变革不仅意味着对30多年前那些不合时宜的制度体制的变革，更意味着一些已经成形的制度体制还要进一步变革，意味着要对既定利益结构进行与时俱进、顺应历史潮流和民意的调整。这一过程必然会招致一些既得利益群体的反对，会有极其巨大的阻力和意想不到的波折。在这方面，要像邓小平所说的"这个任务，我们这一代人也许不能全部完成，但是，至少我们有责任为它的完成奠定巩固的基础，确立正确的方向"。

——必须敞开胸怀与眼界，从历史和现实中汲取滋养推进国家治理体系和治理能力现代化的文明财富。历史中国的治理体系与我们是不同的，现代西方社会的治理体系与我们也是不同的，甚至西方社会内部各个国家间的治理体系也是大相径庭的，但这并不意味着这些不同背后没有共同的东西。它们都在一定程度上体现了对国家治理规律的认识与把握、探索与实践，这是人类社会进步的文明结晶，也是人类社会的共同财富。不照搬制度模式绝不意味着不借鉴他人的好东西。勇于和善于把他人的好东西化成我们自己的东西，是推进国家治理体系和治理能力现代化进程中一门至关重要的必修课。

## 二、精神独立的文化自觉

党的十八大以来，习近平总书记谈论中华文化的频率很高，讲价值观的时候要求传承和升华中华优秀传统文化，讲国家治理的时候要求实现中华传统文化的创造性转化、创新性发展，讲党的建设时也提醒要从中华文化中汲取丰富营养，在对外访问中更是把中华文明作为第一名片不失时机地向国际社会展示中华文化的独特魅力。我们为什么要对中华文化如此推崇备至，我们又为什么可以对中华文化如此高度自信？这一切的背后是当代中国社会对保持精神独立性的深刻感悟和高度自觉。

### （一）精神独立是一个社会政治经济独立的前提

毛泽东曾经讲过一句话，“人是要有一点精神的”，顺着这句话讲下来，一个国家、一个社会同样是要有精神的。这既是对中国革命胜利经验的透彻总结，又是对中国进行社会主义建设的宝贵提醒。当然，这里讲的精神并不是一般意义上泛泛而谈的精神，而是指真正属于自己的、从自己的文化中生长出来并且作用于自己的社会实践、与现实世界各种各样的精神相互激荡中能保有“独立性”的精神。

那么何谓“精神独立性”呢？概而言之就是一个社会从精神层面上对如何认识问题、分析问题、评价问题、解决问题有自己独立的不受他者主宰与左右的思维、价值与方法。当一个社会在如何认识世界上有自己独特的思维方式，在如何评价世界上有自己独特的价值立场，在如何应对世界上有自己独特的方法路径，我们就可以讲这个社会保有了它的“精神独立性”。

对于一个社会来讲，精神独立奠定了经济政治社会独立的前提，精神独立也保证了经济政治社会在真正意义上的独立。一个社会只有在精神层面上想清楚、讲清楚什么是好，什么是应该，什么是有意义，才可能走出一条前无古人的新路，才可能确立起优越于他者的全新制度，才可能把自己选定的道路信心百倍、义无反顾、坚定不移地走下去。

应该说中国社会精神独立性的问题本来不成其为问题，中华文明5000年的绵延不绝，中国社会百余年来不屈不挠的奋斗与抗争，乃至中国特色社会主义道路的开辟、探索与实践，中华民族伟大复兴中国梦的提出等等，都是中国社会精神独立的最好证明。没有高度自觉且充满自信的精神独立，这一切都是难以想象乃至不可能的。

但是这一不成问题的问题在今日中国社会还真成为一个不容忽视的问题或者说至少是一个需要未雨绸缪的问题。这与现代国际社会的格局有关，也与中国社会的发展方位有关。

现在的国际社会格局是在西方发达国家的发展方式和社会价值观主导下形成的。尽管所有国家、所有群体都是在这一格局中生产产品、积累财富、分享红利，但这一格局与状态主要是有利于发达国家利益的。西方发达国家为了他们的既有利益，当然会想方设法维持这一格局，并强化支撑这一格局的发展方式与价值观，甚至把它提升到“普世”和“永恒”的高度。在既定格局的影响和强势意识形态的渗透下，中国社会的一些人就不知不觉从思想上“缴了枪”：在全世界都适用的东西我们中国怎能例外？人类社会到资本主义都已经到头了我们还折腾什么？

更重要的是伴随着全球经济政治文化交往的更加紧密和中国面向世界的更加开放，中国社会需要也正在从西方社会“拿来”很多东西，从技术到管理再到制度。小到高速公路的标志牌、大型超市的促销商标签，大到配置资源的市场经济体制、企业运行的混合所有制产权模式、按要素分配的收入分配体制等等。而且这种“拿来”很多时候还必须“全面”拿来，一星半点的拿来、断章取义的拿来不仅不会有正效益，还会产生连西方社会都不会有的苦果与弊端。于是中国社会的一些人就认为：既然都要“全面”了，还要什么自己的精神独立性，把人家的精神也拿来不是更加的“全面”？

中国社会的精神独立性就在这样的情境中一点一点被削弱、被淡化，相应的中国自己的经济政治社会发展实践也就面临着越来越大的压力与挑战。因此，在今天的中国社会提出“精神独立性”问题，已经不是杞人忧天，而是需要亡羊补牢了。

关于精神独立性，我们应该讲两句话。

第一句，重视精神独立性是为了超越精神独立性。

习近平总书记在讲价值观的时候，曾借用过中华禅宗文化中的三境界说：在没有觉悟的时候，看山是山看水是水；初步觉悟后，看山不是山看水不是水；真正觉悟后，看山又是山看水又是水。看似一种回归，但已不是简单的回归，而是螺旋式上升后的在更高层面上的回归。这个比喻也可用到我们对精神独立性的认知上来。在缺乏精神独立性的情况下，世界给予什么我们就接受什么，以为接受的都是好东西（虽然事实上未见得就是好东西），这个阶段的表现是“不知精神独立性”；当我们有了精神独立性的意识与觉悟后，便会自觉地拿起民族文化这一武器捍卫自己的独立与尊严，我们所熟悉的那句话，“越是民族的便越是世界的”，就是这一时期心态的宣言，这个阶段的表现是“重视精神独立性”；而当我们真正拥有了充分的精神独立性之后，精神独立性便会内化为实践独立，实践中的自信与自强使得世界万物皆备于我莫非我用，虽是世界的终究也是民族的，这一阶段的表现就是“超越精神独立性”。今日的中国社会正处于防范第一阶段、立足第二阶段、迈向第三阶段的过程中，我们希望中国社会关注精神独立性问题但又不希望沉湎于此。什么时候中国社会不需要再讨论精神独立性的问题了，中国社会就真正拥有了它应有的充分的精神独立性。

第二句，精神独立性最终要通过经济政治社会实践的成果证明自己。

我们在前面比较多地讲了精神独立性的功能及文化对精神独立性的意义，但是我们不能在讲精神独立性的时候矫枉过正陷入唯心主义的窠臼。马克思讲“观念的东西不外是移入人的头脑并在人的头脑中改造过的物质的东西而已”。精神的独立是为了实践的独立，精神的独立也需要通过实践的独立证明自己并进一步强化自己。如果没有经济政治社会的独立，精神独立就是无源之水、无本之木。对于今日的中国社会来说，中国特色社会主义道路越走越宽广，中华民族伟大复兴的中国梦离我们越来越近，才是精神独立性的强大物质基础；让中国特色社会主义道路越走越宽广，让中华民族伟大复兴的中国梦离我们越来越近，才是精神独立性的最终归宿。

### （二）中华文化是中国社会精神独立的不竭源泉

意识到精神独立性固然重要，呵护涵养精神独立性更加重要。精神独立性不是想当然凭空产生的，也不是仅靠豪言壮语就能喊出来的。中国社会的精神独立性要有滋养它的土壤，孕育它的源泉，这就是中华文化。习近平总书记讲，中华文化积淀着中华民族最深沉的精神追求，包含着中华民族最根本的精神基因，代表着中华民族独特的精神标识，指的就是中华文化对中国社会精神独立性方面的贡献。我们仅从中选择三个方面略作阐述：

——中华文化孕育了中国社会独特的思维方式：天人合一的整体性思维。

思维是精神独立性中最深层次的属性，不同的思维方式会形成不同的世界观。与西方文化中不断剥离、不断区别、不断分割的那种原子式的注重分析的思维不同，中华文化的思维方式更突出的是一种不断整合、不断扩散、不断融合的整体性思维，从整体上来观察世界、理解世界。比如，在人与世界的关系上，受中华文化滋养的中国人不像西方文化那样把自然界与人对立起来，人对自然界只是单向度的无限掠夺，而是把自然界与人看做是一个整体，人与自然界是相互感应、相互依存的，既通过自然资源来供养人，又时时刻刻不忘对自然的涵养与反哺，这就是习近平总书记最近强调的、已经为现代社会所熟知的天人合一宇宙观。又比如，在对待自我与他者的关系上，不是非我族类其心必异，而是一种如习近平总书记所讲的协和万邦的国际观、天下观，我的存在是因为有你的存在，你、我、他共生共处才成为“天下”，是“各美其美，美人之美，美美与共，天下大同”。

——中华文化塑造了中国社会根本的价值追求：和而不同的和谐价值观。

价值是精神独立性中最根本的属性，价值不同所形成的行为、所构建的世界也会有不同。无论是在本体论上把世界本原归于独一无二的“一”，还是在宗教观上确立一个至高无上的“上帝”，西方文化价值观中“唯一性”的情结始终挥之不去。但是在中华文化中，即使作为最高的“道”，也不是某种确定的东西，而是一种状态，一种阴阳和谐的状态，正所谓“一阴一阳之谓道”。以音乐为例，宫商角徵羽五音皆备，一曲美妙的“韶乐”绕梁三日；如果只要一个音调，那听到的就是啄木鸟叮树了。具体到大千世界来说，不是说把万事万物都变成一个样子、一种性质，而是让万事万物都按自己的样子、自己的本性自由生长、平等发展，在这一过程中形成和谐状态，并会产生新的东西。这就是中华文化中一句很经典的话“和实生物，同则不济”所讲的意思，这句话也讲出了中华文化所倡导的价值的最高境界：“和而不同”。

——中国文化积淀出中国社会基本的发展方法：生生不息的日新方法论。

一个社会认识世界改造世界所采取的基本方法是精神独立性走向实践时最直观的体现。在中华文化中，没有什么永恒、到头的社会状态，“日新之为盛德”，“苟日新，日日新，又日新”，新的社会状态就在我们的不断努力中逐步展现；世界的变化也不是单线式的发展，而是“反者道之动”，要善于从历史中汲取自强不息的动力与智慧，不能在追求目标的时候异化了自己，不能走得远了就忘了为什么要出发；解决问题的方式方法不是非此即彼、你死我活走极端，而是“从容中道”，“允执厥中”，在协调平衡中坚毅前行。

中华文化中的这些思维、价值与方法塑造了中国社会的精神独立性，也给予了中国社会以高度的自信。当今天的世界面对越来越严峻的环境问题时，“天人合一”为人类修复自己的家园送上一剂良药；当今天的世界因为各种各样的利益纠纷与冲突而可能擦枪走火的时候，“和而不同”恐怕是实现各得其所的唯一选择；当人类社会越来越沉湎于社会发展方式“唯一解”的时候，让“生生不息”告诉我们还有别样的可能性、别样的精彩是很有意义的。这也就是为什么习近平总书记要求“讲清楚中华文化的独特创造、价值理念、鲜明特色”的深意所在。

### （三）中国特色社会主义根植于中华文化沃土

当一个社会在精神上保有独立性的时候，在社会发展方面的独立性就是水到渠成、瓜熟蒂落的事情了。远而言之，不会屈服于他者的压迫奴役，一定要争独立求解放，这就是170年来中华民族的奋斗抗争；近而言之，不会甘于照抄照搬他人的做法，一定要走自己的路，这就是60余年来中国社会对社会主义道路的探索实践；放眼展望，还要坚持把理论自信、制度自信、道路自信与理论创新、制度创新、道路创新有机结合，在中华民族伟大复兴的历史征程中让中国特色社会主义道路越走越宽广。

关于中国社会为什么要走自己的路，发展中国特色社会主义，我们现在讲得比较多的是国情和历史使然，这诚然是事实也很重要但不够，真正要讲全面还要讲“独特的文化传统”。

百余年来世界上争取独立解放的民族国家并不少，但选择了马克思主义，选择了社会主义并坚持下来的并不多，中国可谓个中翘楚。能做到这一点，与中华文化精神对社会主义的契合乃至与马克思主义的良性融汇是分不开的。

在中华文化的思维中，从修身到齐家再到治国平天下，像同心圆一圈圈向外扩展，“身修而后家齐，家齐而后国治，国治而后天下平”，个体不是在与国家社会的张力中凸显自我，而是在融入家国天下中找到存在的意义，这样的文化精神就很自然地成为价值观上的集体主义，所有制层面上的公有制，分配方式上的共同富裕等社会主义属性所亲和适宜的文化土壤。这一点我们可以从近百年来中国社会接受社会主义的历史路径中看得很清楚：当不患寡而患不均的文化心理被经济政治生活中的剥削事实放大之后，自然会对私有制有天然的不感冒，而对公有制产生些许希冀，对共同富裕更有种本能的亲近感。再比如，中国社会对中国共产党作为领导核心这一模式的认可同样有着一种文化心理的延续。既然我们相信“满街都是圣人”，相信圣人与君子可以做到“为天地立心，为生民立命，为往圣继绝学，为万世开太平”，为什么不可以对坚持先进信仰集聚优秀成员的中国共产党以相应的期待？更进一步看，为什么中国特色社会主义道路是一条和平发展之路，“中国威胁论”是无稽之谈，习近平总书记最近的一次讲话讲到了根底上：“中华民族的血液中没有侵略他人、称霸世界的基因”。所以，从一个侧面来说，不是马克思主义和社会主义选择了中国社会，而是中华文化选择了马克思主义与社会主义。

西方社会的一些人老跟我们矫情，说什么你中国总说不走西方的道路，不照搬西方的观念，其实你们的指导思想马克思主义和你们的发展道路社会主义不都是从西方拿来的吗？这种说法看似很有事实依据不好反驳，其实不然。我们的中国特色社会主义并不仅仅是名称上在社会主义前加了“中国特色”四个字，也不仅仅是实践层面把“中国特色”与“社会主义”简单焊接在一块的“拉郎配”；同样马克思主义中国化也不仅仅是把马克思主义经典著作翻译成“中国话”然后照本宣科，不仅仅是郑人买履式的拿马克思主义本本来套中国的问题，而是根植于中华文化沃土的、在中华文化渗润滋养中“化”出来的全新理论与全新实践。

当然，我们作这样的分析并不是说中国传统文化中本来就有马克思主义，就有社会主义，而是说当通过政治革命把马克思主义的种子，把社会主义的种子播撒下去之后，中华文化的沃土可以、也确实让它们茁壮成长了，并且成长为站在巨人肩上的全新创造，成为中华文化中的新内容。这也就是为什么尽管世界社会主义只有500年的历史，但习近平总书记却讲“中国道路是在对中华民族5000多年悠久文明的传承中走出来的”深意所在。能把中国特色社会主义道路上溯5000年，让它不仅成为一条政治发展道路，而且成为一条文明发展道路，实赖于中华文化的“化育”之功。

### （四）在创新性发展中实现中华文化的“现在进行时”

当下中国有两个概念同时在使用，一个是中国传统文化，一个是中华文化。很多人在使用这两个概念的时候往往不作区分，其实它们是有区别的。中国传统文化是过去完成时，尽管我们可以不断对之作出新的理解与阐释，但其内涵毕竟是既定的；而中华文化则是涵盖过去现在未来的一个动态概念，不仅包括过去5000年文化的灿烂，也意指今日中国文化的繁荣，更要求未来中国文化的辉煌与复兴。

没有中华文化的随时维新，老祖宗的精神独立性挽救不了不肖子孙的坐吃山空。就算把老祖宗的好东西原原本本不打折扣地全部接受下来，昨日的旧船票也登不上今日的客船，毕竟中华民族的伟大复兴不应该也不可能是复古。所以对于今日中国社会固然要讲把中国传统文化中的精华内容传承下来，更要大讲特讲中华文化的“现在进行时”，让中华文化作为一个整体赶上时代引领未来，因为“中华民族伟大复兴需要以中华文化发展繁荣为条件”。

实现中华文化的“现在进行时”，不要停留于对中国传统文化中具体文化内容的简单重复，而要重视文化精神的阐幽发微。具体的文化内容再“抽象继承”也会留有过去时代和原来社会形态的印记，过分解读容易有牵强附会之感，对现实社会作用有限。应该回望甲骨文但是不能钻进故纸堆。这些年来中国社会各种各样的“国学热”不但难成大气候、难有大作为，原因也在于此。而文化精神则以其超越性让时代包容适应性倍增了好几个数量级，更易于与新的时代、新的使命无障碍对接。这也就是为什么中华传统美德已经是我们突出的优势、最深厚的文化软实力，我们还要创造性转化、创新性发展地培育社会主义核心价值观的道理所在。也正因为如此，习近平总书记讲中华文化时代化时特别强调：“使中华民族最基本的文化基因与当代文化相适应、与现代社会相协调，……把跨越时空、超越国度、富有永恒魅力、具有当代价值的文化精神弘扬起来。”

实现中华文化的“现在进行时”，还要善于把人类文明的一切成果，包括现代西方的文明成果坦坦荡荡大大方方地“拿来”。“问渠那得清如许，为有源头活水来”。精神独立性不是固步自封，不是闭门造车，而是在广泛的文化交流中，不断学习他人的好东西，把他人的好东西变成我们的养料，把他人的好东西化成我们自己的东西，形成我们的民族特色，让我们更独立、更强壮。在中华文化的滋养下，我们把印度文明中的佛教“化”为了中国佛教，我们把西方文明中的马克思主义、社会主义“化”为了中国化的马克思主义、中国特色社会主义。有了这种“兼容并蓄、海纳百川”的品格，还有什么样的文明成果不能在中华文化中创造性转化、创新性发展呢？歇斯底里地拒斥外来文明成果本身就是精神独立性缺失、虚弱不自信的表现。

当然，这个“化”是有讲究的。守不住主心骨，没有好办法，很有可能在“化人”的过程中被“人化”。比如，这些年来我们开始重视中华文化的“走出去”。怎样走出去？用我们自己的话语体系怕人家听不明白也不感兴趣，于是便想用人家的话语、人家的概念来讲中国故事。听起来似乎是很聪明的办法，其实隐患很大。别人的话语、概念背后是别人的文化思维方式。就好比前些年一部电影《功夫熊猫》，“功夫”是中国的，“熊猫”也是中国的，甚至电影里的所有文化元素都是中国的，可《功夫熊猫》却不是中国的，它反映出来的文化精神与价值观是地地道道好莱坞的。我们不是说一定要固守中国传统的话语体系，只是提醒从事外宣的同志们，寻找一种既能反映中华文化真精神又能为西方世界所明白的话语方式并不是一件想当然的事情。

那么，如何做到“化人为我”而不是“我为人化”，一位老历史学家曾经打了个很形象的比方：人是要吃猪肉的，但是通过把猪肉消化为人的肌肉来强身健体，而不是让人变成猪。这既是实现中华文化“现在进行时”的底线思维，又是实现中华文化“现在进行时”的至高境界。

## 三、中国道路的时代自觉

中国道路是中国共产党把马克思主义基本原理同中国实际和时代特征结合起来走出的一条新路，中国特色社会主义道路就是中国道路在当代的集中体现。这一道路具有深厚的历史渊源和广泛的现实基础，因为它是从改革开放 30 多年的伟大实践中走出来的，从中华人民共和国成立 60 多年的持续探索中走出来的，从对近代以来 170 多年中华民族发展历程的深刻总结中走出来的，从对中华民族 5000 多年悠久文明的传承中走出来的；这一道路更具有深刻的时代必然性和广阔的发展前景，因为它又是全面审视当今世界和当代中国发展大势，全面把握我国发展新要求和人民群众新期待，以全新的视野深化了对共产党执政规律、社会主义建设规律、人类社会发展规律的认识而走出的自强之路、共赢之路、创新之路。

### （一）自强之路：对历史方位的清醒认知

马克思曾经讲过："人们自己创造自己的历史，但是他们并不是随心所欲地创造，并不是在他们自己选定的条件下创造，而是在直接碰到的、既定的、从过去承继下来的条件下创造。"国情就是这样一种既定的条件。一个国家的历史文化、经济状况、发展程度都是不可选的，都是既定的，甚至是特定的。

党的十八大指出，我国仍处于并将长期处于社会主义初级阶段的基本国情没有变，人民日益增长的物质文化需要同落后的社会生产之间的矛盾这一社会主要矛盾没有变，我国是世界最大发展中国家的国际地位没有变。这"三个没有变"告诉我们，在任何情况下都要牢牢把握社会主义初级阶段这个最大国情，推进任何方面的改革发展都要牢牢立足社会主义初级阶段这个最大实际，而不能从主观愿望出发，不能从这样那样的外国模式出发。

中国道路以经济建设为中心，坚持四项基本原则，坚持改革开放，解放和发展社会生产力，建设社会主义市场经济、社会主义民主政治、社会主义先进文化、社会主义和谐社会、社会主义生态文明，正是对中国社会历史方位的清醒认知，是对这最大国情的认真遵循。

尽管中国特色社会主义道路走到今天，我国生产力有了很大提高，各项事业有了很大进步。但总的说来，人口多、底子薄，地区发展不平衡，生产力不发达的状况没有根本改变，集中力量发展社会生产力仍然是中国社会的第一要务。因而中国道路发展社会主义市场经济，坚持以公有制为主体、多种所有制经济共同发展的基本经济制度，着力消除所有制结构不合理对生产力的羁绊；坚持调动全社会全民族的积极性创造性，营造各尽其能、各得其所、和谐相处的氛围和环境，在保证最广大人民根本利益的同时，促进现阶段群众的共同利益；坚持在按劳分配为主体的同时，放手让一切劳动、知识、技术、管理和资本的活力竞相迸发，让一切创造社会财富的源泉充分涌流。

尽管中国社会存在着各种各样的矛盾，有些矛盾还存在着激化的可能，但人民日益增长的物质文化需要同落后的社会生产之间的矛盾依然是贯穿我国社会主义初级阶段整个过程和社会生活各个方面的主要矛盾。破解这一矛盾关键在于发展，发展是硬道理。这就决定了中国道路一定要强调以经济建设为中心。只有牢牢抓住这个主要矛盾和工作中心，才能清醒地观察和把握社会矛盾的全局，有效地促进各种社会矛盾的解决。

实现中华民族伟大复兴中国梦是在社会主义初级阶段建设富强民主文明和谐的社会主义现代化国家，是要从世界上最大的发展中国家赶上并超过西方发达国家。自强之路、赶超之路意味着中国道路不是对西方模式的“移植”与“克隆”，而是对西方发展范式的突破与超越。

也许条条大路通罗马，但通往罗马的路是一定到不了香格里拉的。实现中华民族伟大复兴中国梦的道路是也只能是“中国道路”。现代西方社会发展道路是在其几百年的资本主义背景下发展起来的，背后更有着上千年的西方文化滋养，还有着近百年的海外殖民掠夺“资本”。面对这样的发展道路，中国学不来，不能学，没有资本去学。毛泽东曾经指出：“中国人向西方学得很不少，但是行不通，理想总是不能实现。”结果“先生老是侵略学生”。在西方范式内发展，中国可能会有小的进展，但难有大作为。只有跳出西方模式的三界外，不在西方发展的五行中，才能真正地“超英赶美”。在这个意义上，“中国特色”不是一种借口，而是一种本能，一种策略；不是一时权宜，而是始终必须，永远必然。

### （二）共赢之路：对时代主题的深刻洞察

随着世界多极化、经济全球化深入发展，文化多样化、社会信息化持续推进，科技革命孕育新突破，社会结构发生深刻复杂变化，人类社会的行为模式也呈现出了前所未有的崭新样态。但是“青山遮不住，毕竟东流去”，和平与发展仍然是时代主题。

中国道路坚持开放的发展、合作的发展、共赢的发展，通过争取和平国际环境发展自己，又以自身发展维护和促进世界和平；坚持在国际关系中弘扬平等互信、包容互鉴、合作共赢的精神，共同维护国际公平正义；坚持要和平不要战争，要发展不要贫穷，要合作不要对抗，推动建设持久和平、共同繁荣的和谐世界等等，正是对时代潮流的自觉顺应，对时代主题的深刻洞察。所以党的十八大再一次重申“和平发展是中国特色社会主义的必然选择”。

奉行和平发展的中国道路构建的是一种“新型国际关系”，其核心就是习近平总书记指出的“三个共享”：各国和各国人民应“共享尊严”，一个国家的发展道路合不合适，只有这个国家的人民才最有发言权，因为“鞋子合不合脚，自己穿了才知道”；各国和各国人民应“共享发展成果”，世界长期发展不可能建立在一批国家越来越富裕而另一批国家却长期贫穷落后的基础上；各国和各国人民应“共享安全保障”，面对错综复杂的国际安全威胁，单打独斗不行，迷信武力更不行，合作安全、集体安全、共同安全才是解决问题的正确选择。

主张合作共赢的中国道路倡导的是人类命运共同体意识，在追求本国利益时兼顾他国合理关切，在谋求本国发展中促进各国共同发展，把世界的机遇转变为中国的机遇，把中国的机遇转变为世界的机遇，让中国与世界分享“和平发展红利”，增进人类共同利益。正如习近平总书记在莫斯科国际关系学院演讲中指出的，“要跟上时代前进步伐，就不能身体已进入 21 世纪，而脑袋还停留在过去，停留在殖民扩张的旧时代里，停留在冷战思维、零和博弈的老框框内。”

这些年来包括美国在内的西方社会总担心中国强大了会对世界构成威胁，这样的疑虑之所以挥之不去就是源于他们在西方文明范式下认识思考人类社会的发展。确实想当年哥伦布发现了新大陆后做的第一件事就是插上帝国的旗帜并以女王的名义宣布占领，英国蒸汽机革命后首先想到的就是拓展海外殖民地。但是，与哥伦布大体同期稍早的中国郑和七下西洋，比哥伦布还多三次，他所到之处播撒的却是和平的种子，送去的是文明的善意，传播的是文化的光辉。不同文明的熏习下是不同的行为模式与不同的价值评判，一个以和平和谐为基本价值理念的文明，在历史上是和平善良的，在今天、在未来同样也是和平善良的。

习近平总书记与美国总统奥巴马庄园会晤时讲“中国梦与包括美国梦在内的世界各国人民的美好梦想是相通的”。这个论断也是对中国道路开放性与包容性的阐释。中国道路以其文明的逻辑告诉世界一个道理：每个国家、每个民族自由的发展是一切国家、一切民族自由发展的前提。历史并没有终结，人类社会并不是只有资本主义一条现成的路，还有很多的新路有待我们去开辟；人类的价值从来不是单一的，五彩缤纷的价值争奇斗艳、共存共生才是人类社会本来和应该的价值图景。

### （三）创新之路：对庄严使命的自觉担当

坚持和发展中国特色社会主义，是中国共产党人的庄严使命，也是中国共产党人对中国人民的郑重承诺。但这同时又是一项长期的艰巨的历史任务，是一条前人不仅没有走过甚至都没有能详细描绘过的新路。关于建设什么样的社会主义、怎样建设社会主义这个根本问题，虽然早已经破题但远未结题。完成使命、兑现承诺，必须勇于实践、勇于变革、勇于创新，以我国改革开放和现代化建设的实际问题、以我们正在做的事情为中心，着眼于马克思主义理论的运用，着眼于对实际问题的理论思考，着眼于新的实践和新的发展。因此，中国特色社会主义道路又是一条创新之路。

——中国特色社会主义道路是不断用新思想、新做法、新实践丰富和发展社会主义的开放创新之路。

30 多年来的中国特色社会主义发展之路就是一条不断解放思想、与时俱进、开拓进取的创新之路。中国特色社会主义道路以创新的精神回答了“什么是社会主义，怎样建设社会主义”这一重大问题，通过揭示社会主义本质，确立社会主义初级阶段基本路线，开创了中国特色社会主义新局面；回答了“建设一个什么样的党，怎样建设党”这一重大问题，坚持立党为公、执政为民，坚持科学执政、民主执政、依法执政，用宽广的视野和科学的方法锻造出了中国特色社会主义事业的坚强领导核心；回答了“实现什么样的发展、怎样发展”这一重大问题，坚持以人为本，坚持全面协调可持续统筹发展，把我们对中国特色社会主义规律的认识提高到新的水平。

——中国特色社会主义道路是探索科学社会主义理论逻辑和中国社会发展历史逻辑辩证统一的创新之路。

社会实践不可能脱离开理论逻辑，但理论逻辑毕竟不能等同于现实的社会实践。中国特色社会主义同样要面对这一问题并作出自己创新性的解答。马克思主义经典作家曾经指出，社会主义新社会，“将通过社会生产，不仅可能保证一切社会成员有富足的和一天比一天充裕的物质生活，而且还可能保证他们的体力和智力获得充分的自由的发展和运用”。邓小平也多次对社会主义的本质作过深入的探讨，“社会主义的本质是解放生产力，发展生产力，消灭剥削，消除两极分化，最终达到共同富裕”。党的十八大更是明确提出中国特色社会主义的八项基本要求。如何始终坚持科学社会主义的基本原则、不丝毫违背这些基本原则，又在任何情况下都牢牢把握社会主义初级阶段这个最大国情、牢牢立足社会主义初级阶段这个最大实际，中国特色社会主义道路通过发挥人民主人翁精神，更加注重社会公平正义，使发展成果更多惠及全体人民，团结一切可以团结的力量，最大限度增加和谐因素等一系列体制机制和政策创新，走出了一条把理论原则变为真实社会状态的现实路径，让中国特色社会主义成为扎根于当代中国的科学社会主义。

——中国特色社会主义道路是破解人类社会发展共同难题，实现中国与世界可持续发展的文明新路。

近 400 年来传统工业文明实现了人类社会前所未有的物质大丰富、经济大繁荣，但也给人类头上悬起了一柄空气污染、环境恶劣、资源枯竭的达摩克利斯之剑。人类社会不能不发展，但又不能这样饮鸩止渴地发展，毕竟我们只有一个地球。

作为中国特色社会主义道路重要内容之一的社会主义生态文明，是把中华文明中天人合一、人与自然和谐相处的思想与西方工业文明有机结合创造性转换后形成的一种新型文明样态，把发展工业与保护生态有机结合起来，走又好又快的新型工业化道路，在“天蓝、地绿、水净”的美丽中国建设富强中国，为人类社会实现可持续发展走出了一条文明新路。从这个意义上讲，中国道路为世界不仅贡献了一种新的发展模式，还贡献了一种新的文明形态。

自信来自对成就的自豪，自信更来自对必然的认知。中国道路的时代自觉让我们的道路自信更加坚定、更加有底气。

# 专题三 “四个全面”战略新布局

大国复兴靠战略，大国竞争比拼的也是战略。战略好则事成，战略优则胜出。“四个全面”就是迈向中华民族伟大复兴历史进程中的战略构建。它不仅描绘了美好的战略愿景，还勾勒出了走向未来的战略路线图。其中每一个“全面”都是当下和未来中国治国理政的重要战略抓手。

学习领会“四个全面”的重大战略思想，需要对每一个“全面”作深入的理解，更需要把“四个全面”作为一个整体来把握，在“全面的全面”上下功夫。明白了总体“为什么”，具体“是什么”就会更清楚。

## 一、战略支点：伟大复兴是全面事业

“四个全面”涉及的四方面内容由来已久，都是贯穿当代中国已经和正在做的事。小康社会是邓小平在 20 世纪 80 年代初提出的奋斗目标，近 40 年的改革则是贯穿新的历史时期的主旋律，从严治党是 90 多年来中国共产党一以贯之的要求，依法治国方略属于其中时间最短的，从党的十五大提出到现在也已有 18 余年。新一代中国共产党人为什么要把四者结合起来，而且在它们前面加上“全面”两个字？

这是因为尽管当代中国在这四个方面都取得巨大的成就、辉煌的成果，但“不全面”是普遍存在的问题，是回避不了的客观事实。

中国社会在 2002 年已经进入小康社会，但这一小康社会是“总体”而不是“全面”，是用平均数平均出来的。平均数固然能说明很多问题，但也会掩盖更多的问题。比如城乡差距、区域差距、群体差距都比较大。东部沿海已经开始着眼迈向全面现代化，中西部不少地方可能刚刚跨越温饱线；中国富豪已经成为世界奢侈品的最大卖家之一，但我们还有 2000 多万贫困人口一年收入不到 2300 元。

改革同样存在这样的问题。经济体制改革一马当先，其他领域的改革群马不见，步伐不是那么快。而且就在经济体制改革内部也有差别，刺激积累财富的体制机制改得比较多，促进社会公平正义、实现共同富裕的体制机制亟待推进。

依法治国，没有法律是万万不行的，但是只有法律也是不行的。如果执法不严、司法不公，那法治国家就是“瘸腿”的；中国共产党在管党治党上一向是从严的，但是党的建设很多深层次问题也越来越不能拖延了。我们正视不全面反映的是强烈的问题意识，不能做鸵鸟，不能自我感觉良好。

这些年来的经验教训表明，非全面不能成事，不全面甚至还会坏事。为何在群众吃饱穿暖后对党委政府、党员干部的意见却越来越大？经济领域小康的满足与政治领域权利诉求缺失形成巨大反差。为何今日中国腐败多发易发？经济体制改革与政治体制、社会体制、包括党的制度体制建设不协调所致，经济领域已经是让市场发挥配置资源的决定性作用，权力运行方面还有浓厚的计划色彩。为何法治权威在下降？法律越来越多可不公平正义的现象也越来越多，法益繁而人愈奸。

中华民族的伟大复兴是全面复兴，中国特色社会主义伟大事业是全面事业。“四个全面”的战略布局把“全面”作为战略支点，从全面切入与突破，让战略有的放矢，纲举目张。

## 二、战略要求：要讲全面更要讲重点

“四个全面”的战略要求，顾名思义，首先当然是全面。

全面小康必须“一个都不能少”，13 亿多中国人是一个整体，960

多万平方公里的中国社会是一个整体，56个民族是一个大家庭，只要有一个人没过上小康生活，有一个民族没进入小康社会，有一寸土地还不是小康的，这个小康社会就不是货真价实的；必须“一项都不能缺”，不能仅仅是经济小康，政治小康、文化小康、社会小康、生态小康也要齐头并进，让人民群众民主参与、文化繁荣、社会和谐、生态良好；必须“一步都不能迟”，到2020年建党100周年的时候全面建成小康社会，这是刚性时间线，做不到不好向邓小平交代，不好向全国人民交代，不好向我们的子孙后代交代。在这里不留余地就是最大的实事求是，不讲辩证法就是最大的辩证法，这是中国共产党人对自己使命的庄严承诺。

全面深化改革则要坚持改革的系统性、整体性、协同性，不仅要搞经济改革，还要进行政治体制、文化体制、社会体制、生态文明体制机制以及党的制度体制的变革，更加注重顶层设计，更加注重于法有据；全面依法治国要从法律体系走向法治体系，形成完备的法律规范体系、高效的法治实施体系、严密的法治监督体系、有力的法治保障体系，形成完善的党内法规体系，坚持依法治国、依法执政、依法行政共同推进，坚持法治国家、法治政府、法治社会一体建设；全面从严治党从转变作风入手，通过反腐败发力，高度重视制度治党，运用信仰固本培元，既治标又治本，既治行又治心，既管关键少数，又要全覆盖，没有特殊党员，没有“铁帽子王”。

但是只讲全面就会不“全面”。“四个全面”的战略要求要讲全面更要讲重点，这也是辩证法。

何为重点？重点就是难点，是短板，我们这次讲全面是有重点的全面，是有的放矢的全面。

全面小康重点在增强人民群众的幸福感。全面小康需要通过一系列指标来衡量，但不能仅仅为指标而指标，不能落入指标陷阱。好看的报表数据不能当饭吃，反过来虽然主观感受不好量化但它是真实的，像习近平总书记所讲的七个“更”：更好的教育、更稳定的工作、更满意的收入、更可靠的社会保障、更高水平的医疗卫生服务、更舒适的居住条件、更优美的环境等等，它们是真正存在于人民群众心中的。

全面改革重点是让人民群众有获得感，让他们今天的生活比昨天好，明天的生活比今天更好；让他们有主人翁的参与感，不能在改革的过程中让人民群众越来越边缘化，让他们承担改革的全部成本。全面法治重点在权利保障，我们的法律必须是良法，不能是工具，尤其不能成为一些人管制另外一些人的工具和手段。全面依法治国不仅仅是有规矩，规矩背后是权利，法治建设要努力做到人民群众的权利不断被拓展、被丰富、被保障。全面治党必须要自我革命，以刮骨疗毒、壮士断腕的勇气进行具有新的历史特点的伟大斗争，不做既得利益群体，不蜕化变质。

## 三、战略定位：全面在协同中实现

“四个全面”绝不是简单的话语排比，有紧密的内在联系，有严格的逻辑结构。简而言之是‘一体两翼，三足鼎立，共同撑起小康社会”。

任何战略最核心的是目标，战略围绕目标展开，有什么样的目标就有什么样的战略举措和平台。全面小康之所以能成为战略目标，远而言之是因为小康是中国传统的社会理想，有文化亲和力；近而言之是中国社会对建设现代化的中国话语表达，有政治主动性；更重要的一点在于，实现这个目标是实现中华民族伟大复兴中国梦的关键一步，既切实又远大，具体接现实生活，高远接伟大复兴中国梦。

三大战略举措有着各自精准的定位。全面深化改革是强大的动力保障，改革作为动力过去 30 多年如此，未来同样要如此，必须要如此。不过需要特别提出的是，这动力是正能量不能是负能量。正能量不仅来自公平正义共享成果的改革，更要来自正确的改革方向。方向错了南辕北辙，会犯颠覆性错误。这也就是为什么全面深化改革总目标是两句话而不是一句话的道理所在。我们要推进国家治理体系和治理能力现代化，更要完善和发展中国特色社会主义制度。

全面依法治国是规矩保障。没有规矩不成方圆，人是如此，大国治理更是如此。依法治国就是要给全社会立规矩，对于广大党员干部来讲要有规矩，有法治意识，不能有长官意志；对于社会大众来说同样要有规矩意识，要遵守规矩，不能动不动就有民粹情绪，打打杀杀。

全面从严治党是核心保障，是主心骨。打铁还需自身硬，核心地位来自政党的先进与优秀，要永远不丢信仰，既不能缺钙得软骨病，又不能失魂落魄成为行尸走肉。

一个核心战略目标，三大举措相互勾连，形成了“四个全面”战略布局。这一战略布局既充分展现了中国共产党人“无我”中的“大我”，与民族国家人民合为一体的强烈使命意识，天下情怀；更表明中国共产党人对共产党执政规律、社会主义建设规律、人类社会发展规律的深刻认识、科学把握与自觉运用。

## 四、战略自信：底气与实力的宣示

“四个全面”战略新布局能如此迅速提出，显示的是自信、底气与实力。这自信来自对我们道路的自信、理论的自信和制度的自信，这底气来自人民群众的拥护支持以及国际社会的尊重认同，这实力来自60多年来中国社会发展的丰硕成果。具体来说是基于两大战略判断：

一是党的十八大以来中国发展的新常态。“新常态”原本是习近平总书记用来描绘中国经济发展的词，而且在中央的规范文件表述里还主要用在经济领域，甚至只用在经济领域。但是中国社会对“新常态”这个词认同感极高，大家在各个领域里面都喜欢用新常态这个词。这是因为党的十八大以来，中国共产党一系列作为引发了中国社会的很大改变，对此社会民众支持率、认同率很高。所以社会泛化使用“新常态”一词，也表明对于中国共产党新一届中央领导的高度认可。

新常态重点不是在“新”上，而是在“常”上，能不能把这些东西在中国社会长期保持下去，成为中国社会的常态，要靠一整套新的战略布局。党的十八大以来中国社会格局的变化和民众心理的变化，让中国共产党人有足够的自信也有紧迫感必须做出全新的战略布局，把中国社会的发展变化和未来发展格局巩固下来。

二是中国在国际关系上的新构建。中国过去30多年来改革开放，成就很大，背后的代价也大。过去我们过多讲“融入”，中国融入世界。所谓融入，就是有人无我，我们是以“世界打工仔”的角色进入到世界，只是按照世界既有的格局和框架来发展自己，遵守世界的既有的规则，对世界发展的规则是没有一点发言权的。可是世界既有格局和框架是西方发达国家为了维护他们的利益而制定的规则。经过这么多年，中国为世界发展作出巨大贡献，但我们所获得的和作出的贡献是不相匹配的。在当今这个世界，如果你不参与制定这个世界的规则，那么就永远不会有自己该有的地位，我们深深意识到不塑造一个真正公平正义的世界规则，中华民族的伟大复兴不可能，世界和平繁荣发展也是不可能的。党的十八大以来，中国领导人在重新构建世界格局上采取了一系列的有效尝试，从中美新型大国关系到中俄全天候战略合作伙伴再到“一带一路”战略。特别是“一带一路”战略是新世纪的全球化，是一种从中国走向外国、从东方走向西方的新形态全球化，这意味着世界经济格局开始发生变化，并带动世界政治文化格局的变化。

这两大战略判断有着坚实的实践基础，也促使我们做出战略新布局有了底气和自信。此外，一个好的战略的真正提出及被实施，不仅要有社会民众和国际社会的认同和支持，更重要的是还要没有反对者。党的十八大以来的强力反腐败，为“四个全面”的战略落实营造了良好的环境，减少了很多不必要的摩擦力和阻力。

# 全面从严治党篇

办好中国的事情，关键在党，关键在党要管党、从严治党。

全面从严治党是习近平总书记在科学分析新时期党的建设基本态势与客观要求，自觉运用中国共产党执政与建设规律的基础上做出的重大战略部署。全面从严治党是把管党治党作为一项系统工程来抓。这一“全面”体现在内容上，不仅要治标转作风，还要治本反腐败，不仅要用制度“治行为”，更要用信仰塑灵魂；这一“全面”体现在对象上，就是全方位、全覆盖，每一名党员、每一个党组织都在其中、不能例外。从内容到对象、从小到大、从外到内，标本兼治、固本培元，既勾勒出了习近平总书记管党治党的实践逻辑，也构成了中国共产党党的建设新常态。

# 专题一　全面从严治党永远在路上

## 一、深刻把握全面从严治党的丰富内涵

习近平总书记指出："全面从严治党，核心是加强党的领导，基础在全面，关键在严，要害在治。"这一论述是对党的十八大以来全面从严治党成功实践的自信总结，是对中国共产党执政与建设规律的自觉遵循，不仅深化了对全面从严治党的新认识，也对全面从严治党提出了新要求。

### （一）核心是加强党的领导

全面从严治党是中国共产党自我净化、自我完善、自我革新、自我提高的重要战略举措，不是对中国共产党的消解、破坏与否定，是为了更好地坚持党的领导不是放弃党的领导。强调"核心是加强党的领导"包含了两重意蕴：一是推进全面从严治党必须加强党的领导，离开党的领导不可能做好全面从严治党；二是推进全面从严治党不是为严而严、为治而治，说到底是为了更好地加强党的领导，提高党的领导能力和执政水平。

全面从严治党的主体只能是中国共产党，不是也不能是别的什么群体、组织、个人。中国共产党的各级党组织在全面从严治党的过程中不仅须臾不能弱化其主体责任，反而要通过更积极的作为、更有力的担当来强化党的领导。只有坚强有力的党的领导，才能保证全面从严治党方向正确、方法正确，才能保证全面从严治党实现既定目标、取得预期成效。

在全面从严治党的过程中加强党的领导最根本的就是坚持党中央集中统一领导。不能有令不行、有禁不止，不能阳奉阴违、妄议中央，不能拉帮结派、团团伙伙。各自为政、自行其是不仅不可能推进全面从严治党的战略，还会误导全面从严治党甚至导致政党涣散的危险。要通过增强政治意识、大局意识、核心意识、看齐意识，自觉在思想上政治上行动上同以习近平同志为核心的党中央保持高度一致，着力维护党的团结统一，着力维护中央权威，着力维护党的领导核心地位，着力维护党的核心。

在全面从严治党的过程中加强党的领导还体现为要尊崇党章。党章是党的根本大法，集中体现了党的性质和宗旨、党的理论和路线方针政策、党的重要主张，规定了党的重要制度和体制机制，是全党必须遵循的总规矩。在某种意义上讲，党的领导就是党章在领导。离开了党章，建党治党就没有了依据甚至还会偏离方向。

### （二）基础在全面

全面从严治党是把管党治党作为一项系统工程来抓，从内容到对象、从标到本、从小到大、从过去到现在再到未来，方方面面都不能缺位，单兵突进、顾此失彼，会按下葫芦起了瓢，所以“基础在全面”。

“全面”体现在内容上，不仅要治标转作风，还要治本反腐败，不仅要用制度“治行为”，更要用信仰塑灵魂。如果不坚决纠正不良风气，任其发展下去，就会像一座无形的墙把我们党和人民群众隔开，我们党就会失去根基、失去血脉、失去力量。如果不雷霆万钧反腐败、除病灶、清毒瘤，政党就会正不压邪。如何才能把转作风反腐败的成果保持下去，让暂时变成长期，让权宜成为常态？这就要靠制度，用制度治党。靠制度管行为毫无疑问是管用的，但仅仅管住行为还是不够的，从严治党不仅要“治行”更要“治心”。所以，习近平总书记讲党性教育是共产党人的“心学”，对马克思主义的信仰，对社会主义和共产主义的信念，是共产党人的政治灵魂，要“永不动摇信仰”。

“全面”体现在对象上，就是把政党作为一个整体来考量，全方位、全覆盖。既着眼于8800万党员中的每一个，又着眼于近400万各级党的组织中的每一层；既抓住领导干部这一“关键少数”，又拓展向基层普通党员；既坚决清除存量，又着力遏制增量。在全面从严治党面前，没有什么“特殊党员”，也没有什么不受监督、不担责任的组织。习近平总书记反复强调：“任何人违反了党纪国法，都要依法惩治，绝不能手软”，“不管级别多高，谁触犯法律都要问责，都要处理，我看天塌不下来”，“不能看人看地方下‘菜碟’，对于领导同志工作过的地方，不能投鼠忌器，要全部扫描”等等，讲的正是这样的道理。

**（三）关键在严**

应当承认过去在管党治党方面失之于宽、失之于松、失之于软的现象客观存在，给政党的形象和战斗力造成极大的伤害。治党不严不如不治，雷声大雨点小会让不良现象变本加厉，牛栏关猫会让腐败分子心存侥幸，高高举起轻轻放下会让违纪之徒不以为然，更重要的是会让政党的权威丧失，法纪的严肃不再。“关键在严”，这“严”是态度严肃、法纪严明、要求严格。

“严”要从细节做起。党的十八大以来新的党中央做的第一件事情就是制定八项规定。习近平总书记特别强调，既然作规定，就要朝严一点的标准去努力，就要来真格的。规定就是规定，不加“试行”两字，就是要表明一个坚决的态度，表明这个规定是刚性的。到后来抓粽子、抓月饼、抓贺卡，甚至拿两个苹果都要诫勉谈话，更是通过小题大做，告诫党员干部小节都不可以放过，大是大非就更是眼里揉不得沙子。

“严”贵在一视同仁、一以贯之，打虎无禁区是严，拍蝇无死角也是严。尽管反腐败已经取得明显的成效，压倒性态势逐渐形成，中国共产党面对腐败零容忍的态度不变、猛药去疴的决心不减、刮骨疗毒的勇气不泄、严厉惩处的尺度不松。今年以来在突出监督执纪“四种形态”的大背景下，老虎被查的频率反倒有更密的态势，也充分说明“严”不是一阵风，“严”永远在路上。

当然，更根本的还是制度建设的严密和纪律执行的严格。全面从严治党把纪律和规矩挺在前面，首先要有严密的制度，我们制定、修订和完善了一系列的党纪法规，废除“稻草人”制度，让纪律成为高压线，把笼子扎得更紧并通上电等等，都是着眼于让制度更严密、更管用。其次要严格执行制定好的规矩，纪律是铁、纪律是钢，纪律不能“商量着来”，纪律没有“情有可原”，纪律不搞“下不为例”，纪律更不会“法不责众”。

### （四）要害在治

中国共产党作为一个有着8800多万成员的政党，党内存在这样那样的问题是一件很自然的事情，尤其在长期、复杂、严峻的执政考验、改革开放考验、市场经济考验、外部环境考验下，精神懈怠危险、能力不足危险、脱离群众危险、消极腐败危险已经尖锐地摆在全党面前。如果中国共产党不能解决存在的问题，任其发展下去，人民就不会信任和支持，所以治党不能也不是表扬与自我表扬，而是激浊扬清、是刮骨疗毒、是倡优汰劣，是自己给自己治病。

治病首先要治已病，既不要讳疾忌医，更不要被病情吓倒。曾经有人对反腐败没有信心甚至不敢去反腐败。其实对于中国共产党来说，腐败现象犹如“明珠蒙尘”，而不是“基因之癌”。腐败的只是党员领导干部个体而不是政党本身，中国共产党的党员领导干部也不会都腐败。只要拂去尘埃，依然是晶莹剔透、光彩夺目的宝珠。因此，反腐败不仅不会亡党，反而会让党更坚强、更纯洁、更有凝聚力和感召力。反之，如果放纵让腐败分子“绑架”了党，不仅党的形象会受拖累，而且会关系党的存亡。

不过，病情再重也有治愈之日，存量再多也有消除干净之时，到时是不是就可以刀枪入库马放南山呢？不行也不会。治病的最高境界是治未病，在病尚未发生之前就先做预防保健，让病生不起来。全面从严治党既要治标更要治本，通过填补制度漏洞，通过固本培元，为政党培育良好的政治生态；通过洗洗澡、出出汗，咬咬耳朵、扯扯袖子，让党员干部防微杜渐、悬崖勒马，始终成为“好同志”。这种“治”更加重要，也更需要下大功夫。

## 二、讲认真的“八项规定”

从党的十八大到现在四年了，八项规定坚持下来，并且还将继续执行下去。是什么让八项规定能如此坚毅前行又卓有成效？“认真”！毛泽东有一句著名的话：“世界上怕就怕‘认真’二字，共产党就最讲认真。”八项规定就是当代中国共产党人讲认真的具体体现。

### （一）明确是非上讲认真

八项规定讲得好像不是什么大事。确实像“不张贴悬挂标语横幅，不安排群众迎送，不铺设迎宾地毯，不摆放花草，不安排宴请”；“严格控制出访随行人员，严格按照规定乘坐交通工具”；“不发贺信、贺电，不题词、题字”等等，对于政治局委员这个层面的干部来讲真是一些“细节”。到后来王岐山同志中秋抓月饼、端午管粽子、新年限贺卡、全面禁止购物卡等抓“小事”的行为更是让大家有杀鸡用了宰牛刀的感觉。

是中国共产党避重就轻不抓大事、不啃硬骨头吗？不是。正所谓细节不细，小事不小。细节背后是作风，小事反映的是形象。作风形象则是一个政党大是大非的问题，关系人心向背，关系党的生死存亡。习近平总书记指出：“工作作风上的问题绝对不是小事，如果不坚决纠正不良风气，任其发展下去，就会像一座无形的墙把我们党和人民群众隔开，我们党就会失去根基、失去血脉、失去力量。”

所以，八项规定不是拿小事与我们党员干部过不去，不是吹毛求疵，而是通过小事看是非，透过细节辨对错。在是非对错上必须讲认真，不能含混其辞，不能不以为然。是非不明、对错不分，就会正不压邪，就会劣币驱逐良币，就会“潜规则”登堂入室、“正制度”名存实亡。对是非对错不能“眼睛里揉不得沙子”，不能防微杜渐，就会千里大堤毁于蚁穴。习近平总书记曾经打过一个比方，雷峰塔之所以倒塌，就是因为去捡砖的人多了，今天你拿一块，明天他拿一块，最后塔就轰然倒掉了。中国共产党一定要防止温水煮青蛙现象，防止政党的本质，政党的宗旨主义信仰，政党的先进性、纯洁性，在不知不觉中发生变化。

前一段时间有一个村委会主任为了给儿子婚事大办酒席索性辞职，结果仍然被纪检部门查处。有人还鸣冤叫屈，人家连官都不干了还要怎的。姑且不说只要是共产党员就要接受党的纪律的约束，仅就其对八项规定的态度与情绪处理他也不冤。我们抓八项规定贯彻落实，看起来是小事，但体现的是一种精神，是中国共产党人对应该干什么、不应该干什么的高度自觉与严明要求。在这一点上没有弹性可伸缩、没有例外可姑且。

**（二）严肃规矩上讲认真**

八项规定一经出台，就变成了中国共产党的纪律、中国共产党的规矩。对于党的纪律、党的规矩更要讲认真。这认真就是坚决维护八项规定的严肃性和权威性，严格遵守八项规定，在八项规定面前人人平等，执行八项规定没有例外。

这些年来我们党内客观存在轻视纪律、漠视纪律，不把纪律当回事的现象，甚至还有一些党员把违反纪律当做解放思想、敢想敢干的标志，当做捞好处占便宜的秘诀，而且也确实有一些党员尝到了违纪的好处而没有受到党纪的处理。可是纪律之所以是纪律，就在于其有纪必执、有违必查，如果纪律退化为软约束或是束之高阁的一纸空文，这样的纪律还不如没有。名存实亡的纪律只会让违纪行为更加肆无忌惮。习近平总书记强调“使纪律真正成为带电的高压线”，强调“遵守党的纪律是无条件的”，就是要求我们回归纪律的本质，纪律是铁、纪律是钢，纪律不能“商量着来”，纪律没有“情有可原”，纪律不搞“下不为例”，纪律更不会“法不责众”。

严肃规矩首先要“严”。四年来，八项规定在彰显纪律规矩严肃性方面是很认真的。最近新闻报道，山东一个干部拿了商户两个苹果未给钱被纪委诫勉谈话并通报，有人惊呼小题大做。这样的“小题大做”做得好，我们就要认这样的“真”。在纪律规矩面前，两个苹果与两千万甚至两个亿是没有分别的。唯其如此，才能防微杜渐，才能悬崖勒马。

严肃规矩还要注意“密”。八项规定决不仅仅只是八条规矩，而是中国共产党对党员干部应该干什么不应该干什么的规矩总成。所以要真正落实八项规定就要用进一步的条例、规定、细则、办法等制度把八项规定丰富、细化、可操作化。四年来落实八项规定之所以能取得显著的成效，就在于我们又相继制定出台了一系列的制度，比如《党政机关厉行节约反对浪费条例》《关于党政机关停止新建楼堂馆所和清理办公用房的通知》《党政机关国内公务接待管理规定》《因公临时出国经费管理办法》《中央和国家机关培训费管理办法》《关于加强公务支出和公款消费审计的若干意见》《关于在全国纪检监察系统开展会员卡专项清退活动的通知》等。这些制度形成了一张严密的八项规定之网，让一切可能的不良行为都无处逃遁。

### （三）坚持落实上讲认真

毋庸讳言，八项规定提出之初并不为社会所看好，虽然后来雷霆万钧执行起来，相当一些人仍然不认为能持续多久。于是一些党员干部把超标办公室打个纸板隔断，把茅台酒装到矿泉水瓶子里，把超标车先寄存朋友处几天等等，所有这些都是准备风头一过，涛声依旧。

但是，中国共产党能不能坚持做到八项规定的承诺，能不能兑现自己的承诺，是一个非常重要的问题。习近平总书记说，落实中央八项规定精神是一场输不起的斗争。要赢得这场斗争，坚持落实上就要讲认真。

这认真体现在踏石留印、抓铁有痕的劲头上，体现在善始善终、善作善成的努力上，体现在一锤一锤接着敲的钉钉子精神上，更体现在四年来的明显成效上：头两年，全国累计查处违反中央八项规定精神问题 62404 起，82533 人受到处理，其中 23259 人受到党纪政纪处分；到今年前 9 个月，全国又查处违反中央八项规定精神问题 28549 起，处理 40693 人，给予党纪政纪处分 30306 人。在不良作风态势已经有了明显改观的背景下，查处力度和规模依然不减，中国共产党在落实八项规定上的认真可见一斑。王岐山同志曾讲，立足本届，八项规定“我得抓五年”；放眼展望，立足全面从严治党，作风建设永远在路上，八项规定只有进行时没有完成时。

习近平总书记讲：“对我们共产党人来说，讲‘认真’不仅是态度问题，而且是关系世界观和方法论的大问题，是关系党的性质和宗旨的大问题，是关系党和人民事业发展全局的大问题。这股‘认真’劲应该体现在干事创业的方方面面，也应体现在党内生活的方方面面。”现在，八项规定给我们开了个好头，让我们在协调推进四个全面战略布局进而实现中华民族伟大复兴中国梦的伟大进程中都能保持讲认真这样一种态度、这样一种劲头、这样一种精神。

## 三、三严三实在知行中融入

一切学习都不是为学而学，学习的目的全在于应用。如何化教育为思想，化教育为行动，把“三严三实”的要求变成党员干部的价值共识，体现在党员干部的实践中，让“三严三实”融入知行、落到实处，需要在理论、制度、行为三个方面下功夫。

### （一）理论彻底，信而后知

经过这一段时间来的专题教育，不会有哪一个党员干部不知道“三严三实”。但是，“知道”不等于“明白”，如果对“三严三实”并不相信、没有接受、也不认同，说得天花乱坠也没有用。要在知行中融入，知必须是真知。

那么如何才能让党员干部真正相信、接受与认同呢？要在理论的彻底性上下功夫。马克思有一句名言：“理论只要说服人，就能掌握群众；而理论只要彻底，就能说服人。所谓彻底，就是抓住事物的根本。”我们要通过理论创新，把“三严三实”的道理讲透、讲实、讲正。

讲透道理就是坚持理论逻辑的一致性、一贯性，不遮遮掩掩，不说半句留半句，不既卖矛又卖盾。对马克思主义的信仰，对社会主义和共产主义的信念，是共产党人的政治灵魂，是共产党人经受住任何考验的精神支柱。中国共产党之所以是中国共产党，就源于它对共产主义的信仰与对共产主义的不懈追求。没有了共产主义信仰的共产党还能是共产党吗？这一提问听起来好像有些惊世骇俗，其实贯穿其中的是中国共产党一以贯之的逻辑。

讲实道理就是有的放矢，一切从实际出发，不空谈理论、不搞文字游戏。把“三严三实”的要求与党员干部确立正确的政绩观、事业观、权力观、幸福观结合起来。领导干部肯定是要追求政绩的，什么才是真正值得追求的政绩？体现“三严三实”要求的政绩；领导干部当然希望能成就一番事业，怎样才能做出名垂千古的事业？按照“三严三实”的要求去做；如何有权不任性，如何不让权力变异为走向囹圄的枷锁？“三严三实”就是永保平安的护身符。

讲正道理就是堂堂正正、理直气壮。对于我们必须坚持的旗帜鲜明，对于我们必须反对的嫉恶如仇，不能被一些歪理邪说牵着鼻子走。比如，党内民主是党的生命毫无疑问，但发展党内民主是为了增强党的活力和创造性，是为了建设一个更加有战斗力的政党，而不是要把政党变为“政治俱乐部”“经济托拉斯”；又如，共产党员当然是人，但是脱离了低级趣味的人，党性与人性并不矛盾，党性是人性光辉的升华，人性也不能只是动物性。

作为一个以先进性和纯洁性为本质属性的政党，当然应该对自己的纲领目标、宗旨信仰有高度的自信，当然应该把马克思主义的信仰、共产主义的信念、全心全意为人民服务的宗旨等这些精神优势传播给每一个政党成员。在这些方面非彻底不可能得到真知。

**（二）导向明确，行必有果**

“三严三实”是对党员领导干部提出的要求，行当然主要是党员领导干部要行。但是，从行为发生学的角度看，要让政党成员行，政党要先行，组织要先行。毕竟有意义、有效果的行不能是孤立个体的孤立作为，政党、组织要通过制度安排形成明确的导向，严者进、松者退，实者上、虚者下，为党员干部的“真行”营造氛围、创造条件。

为什么有一些党员干部不敢真的去践行“三严三实”？不愿意真的去践行“三严三实”？现实政治环境没有形成好的导向。前一段时间，一些基层党组织潜滋暗长出一种不良的政治生态：遵纪守法埋头实干的干部处处受排挤，胡作非为好大喜功的干部如鱼得水加官晋级，结果“不进圈子难进班子”“不跑不送原地不动”等。如果这样的从政环境、政治生态不能有效遏制消除，身处其中的党员干部怎么敢、怎么愿意去践行“三严三实”？理论的彻底一定要变为制度的严明，既然倡导就要让它变为现实，言必行、行必果。这次专题教育突出问题意识，重点指向政治生态，就是要倡正气，营造践行“三严三实”的党员干部脱颖而出的制度环境，让党员干部看到，只要真正践行“三严三实”就会有更高的平台、更广阔的舞台可以为党工作、为人民服务，可以实现抱负、可以成就事业；只要真正践行“三严三实”，党就会信任，群众就会拥护，社会就会尊重。

明确导向在扶正的同时还要祛邪。通过查处一些不严不实的现象“以案说法”对党员干部的思想灵魂触动会更大。惩处一个教育一片，这样的效果更明显。党的十八大以来，我们党在转变作风反腐败方面积累了很多好的经验，比如，零容忍、猛药去疴、刮骨疗毒、严厉惩处等，这样的好做法同样要通过制度化的安排体现在“三严三实”的专题教育中。对于不严不实的现象与行为不搞下不为例、不讲情有可原，违反了党章用党纪处理，违反了国法用法律处理。有尘就扫，有病就治。如果已经化脓溃烂，该截肢就截肢，决不能让坏肉感染了好的肌体。

当“正制度”压倒了“潜规则”，践行“三严三实”的人就会再接再厉，不严不实的人则不再敢有侥幸之心，“真行”也就有了坚实的实践基础。

**（三）事上磨炼，知行合一**

有的同志可能会说，他对“三严三实”是真相信，也真的想去做，但往往一到具体的事情上就好像手脚不听使唤，总也做不到位。为什么会这样呢？事上磨炼不够。“纸上得来终觉浅，绝知此事要躬行”。

哲学上常讲没有抽象的人，只有具体的张三李四王五赵六。“三严三实”也不是抽象的政治要求，只能存在于具体的政治实践中，通过具体的政治行为来体现。我们以“严以修身”为例，小而言之能不能做一个有道德的好人，大而言之是不是一个有信仰的共产党人，所有这一切都要通过一件一件具体的事情来证明。处贫贱而不移，不为五斗米折腰；遇富贵而不淫，不为声色所惑；遭威武而不屈，不向强权低头，做到这些就是一个好人。与对手交锋敢于亮明自己的信仰、捍卫自己的信仰，为群众服务能全心全意、无怨无悔，对党忠诚无保留、无折扣、无小算盘，做到这些就是一个合格的共产党员。

事上磨炼不可能一蹴而就，也不会一劳永逸。所谓修养，不论是修炼还是养成，讲究的是工夫，而这工夫正是通过做一件又一件具体事情不断积累起来的。这些事情开始做的时候可能需要努力而为、强勉而行，甚至还要有外在的刚性约束，等做多了、做久了就会习惯成自然，就会从心所欲而不逾矩。到这个时候，知就是行，行也就是知，不仅知行合一，而且以知促行、以行增知，知行良性互动，“三严三实”自然就在其中了。

## 四、“两学一做”在学上下大功夫

“两学一做”基础在学，因而要夯实基础就要在学上下大功夫、在学上做真功夫，力争做到学有所获、学有所用。

首先，要原原本本系统学。不论是学党章党规，还是学习近平总书记系列重要讲话，一定要系统读原文，深入悟原理，不要做“二传手”，不要用辅导材料代替原著原文，更不要断章取义、蜻蜓点水，只见树木不见森林。党章是中国共产党人的“原教旨”，党的信仰、党的纲领、党的宗旨、党的要求、党的制度以及党员权利义务等内容在党章里写得清清楚楚、明明白白。系统学认真悟，就会真正搞清楚中国共产党是一个什么样的政党、中国共产党员应该成为一种什么样的人这样一些根本性的问题；习近平总书记系列重要讲话是马克思主义中国化的最新成果，是中国特色社会主义的最新成果，是指导我们进行具有许多新的历史特点的伟大斗争的鲜活的马克思主义，其丰富内涵、核心要义、精神实质不下苦功夫、不深入进去是不可能真正掌握的。

其次，要相互联系贯通学。一是把党章与具体党规贯通起来学，用总章程引领党纪党规，用党纪党规贯彻总章程。党章规定了党的理想信念宗旨，总结了党的优良传统和作风，为党员确立了高标准；党规党纪则具体规定了哪些可以做，哪些必须做，哪些碰都不能碰，为党员划出了底线。守住底线，争取高线，方能从心所欲而不逾矩。二是把习近平总书记系列重要讲话与马克思列宁主义、毛泽东思想和中国特色社会主义理论体系贯通起来学，深刻领会党的思想理论一脉相承中的与时俱进，坚定坚持中的创新发展；深刻领会以习近平同志为核心的新一代中国共产党人对共产党执政规律、社会主义建设规律和人类社会发展规律的科学认知与自觉遵循。三是把党章党规与习近平总书记系列重要讲话贯通起来学，既心中有戒、行为有规矩，又头脑有武装、实践不糊涂。习近平总书记系列重要讲话无不源自于党章，处处透视着对党章的尊崇。治国理政新理念新思路新战略背后的大原则总源头是党章，党章总规矩大要求在实践中的展开、对时代问题的回应，则充分体现在系列重要讲话中。用系列重要讲话精神武装了头脑，对党章的遵守就会更自觉；心中有党章，自然就会向党中央看齐，向党的理论和路线方针政策看齐，做政治上的明白人。

再次，要联系实际用心学。“两学”为了“一做”，“一做”检验“两学”，因学而懂，懂而后信，信便能做。在这一过程中，入心入脑最为关键，不能小和尚念经有口无心。每个党员都要联系自己的实际反躬自问、三省吾身：是否有理想信念模糊动摇的问题，对共产主义缺乏信仰，对中国特色社会主义缺乏信心；是否有党的意识淡化的问题，在党不言党、不爱党、不护党、不为党；是否有宗旨观念淡薄的问题，漠视群众疾苦、损害群众利益，整天盘算自己的小九九小算盘；是否有精神不振的问题，借口不让乱作为就索性不作为，在一个地方工作多年涛声依旧；是否有道德行为不端的问题，骄奢淫逸、伤风败俗，为群众所不齿，为社会所鄙夷等等。对于查找出来的问题，有则改之，无则加勉。能立竿见影则打歼灭战，需要潜移默化就打持久战。

最后，需要特别指出的是，“两学一做”不是活动但不等于不搞活动，常态化的学习不拒斥有组织有形式有考核。培育一种氛围鼓励党员学习，形成一种态势要求党员学习，创新一些形式激发党员学习，这一切同样需要下大功夫、做真功夫。

# 专题二　坚持中国特色反腐倡廉道路

全面从严治党，坚持中国特色反腐倡廉道路自然是题中应有之义，不断探索、丰富、完善中国特色反腐倡廉道路也是每一个中国共产党人责无旁贷的事情。党的十八届三中全会从制度的层面对中国特色反腐倡廉道路做出了部署：要坚持用制度管权管事管人，让人民监督权力，让权力在阳光下运行，是把权力关进制度笼子的根本之策。必须构建决策科学、执行坚决、监督有力的权力运行体系，健全惩治和预防腐败体系，建设廉洁政治，努力实现干部清正、政府清廉、政治清明。

## 一、反腐倡廉要有一种理想主义

反腐败是中西方政治发展都必须面对的问题，但不同的政治发展道路决定了其应对之策也不可能拿来主义。相对于西方政治的权力制衡理论而言，中国特色反腐倡廉道路更多是建立在政党先进性与纯洁性基础之上，更注重的是“自我净化、自我完善、自我革新、自我提高”。而在这样的政治生态中消除腐败，高扬共产党人的理想主义是最基本的。

这种理想主义首先体现在对腐败现象的“零容忍”，是就是是，非就是非，腐败与廉洁如冰火同炉，如皂丝麻线。利用职权多拿一针一线与搬走金山银山，在法律量刑上当有不同，但在判定腐败与否上没有差别。我们如果在对待腐败问题上做不到旗帜鲜明，就会在社会中形成潜规则，就会在政治生活中出现“劣币驱逐良币”的现象。曾经有很多党员干部讲过，如果你不腐败，在一个已经腐败的班子中不仅不能力挽狂澜，甚至会孤家寡人待不住。这是一种多么可怕的现象。

因此，在对待腐败问题上，不要去讲什么大体与小节的关系、不要去讲什么主要方面与次要方面的权衡，不要去讲什么下不为例。在这里不讲辩证法就是最大的辩证法。为了中国共产党在人民中的形象，也为了真正中国共产党人的荣誉，我们一定要用行动、甚至不惜是矫枉过正的行动，向全社会表明：中国共产党就是与腐败水火不容。在一些为群众所关注的焦点问题上杀鸡用牛刀，也是一种政治态度的宣示。旗帜鲜明的反腐败态度与坚定的反腐败决心虽然不是反腐败工作的全部，但是反腐败工作真正开始的第一步。

我们之所以能对这样的理想主义有信心，这样的理想主义之所以是现实的，是因为这种理想主义本就是根植于中国共产党本质的。马克思主义的信仰、共产主义的信念、全心全意为人民服务的宗旨，所有这些马克思主义政党的属性决定了中国共产党与腐败是水火不容的。曾有一个腐败干部痛心疾首地说过一句话：只要是共产党执政，腐败来的钱财就永远只能埋起来，而腐败最痛苦的莫过于锦衣夜行。为什么？这是因为对于中国共产党来说，腐败现象犹如“明珠蒙尘”，而不是“基因之癌”，只要“时时勤拂拭，勿使染尘埃”，依然是晶莹剔透、光彩夺目的宝珠。

所以，中国共产党消除腐败现象首先要从心中做起，高扬政党信仰，培育共产党人觉悟，使每个党员干部自觉不去腐败。古代圣贤王阳明曾讲过一句话，“破山中贼易，破心中贼难”。但是只要破了心中贼，山中贼自然也就没有了。腐败现象同样如此。

我们强调信仰与觉悟，绝非否定制度反腐的重要性。制度经济学有一个很有意思的观点，即意识形态也是制度中很重要的一个组成部分，人们对制度认可、认同的这种观念意识，比如“觉悟”“忠诚”“奉献”等观念，可以很好地降低制度运行的成本，使得制度更易于实行、更有效率。

现在有些同志说，反腐不彻底是因为制度有漏洞，只要迅速及时补充法规内容，堵住制度漏洞，就会万事大吉。这理论上听起来好像有道理，但实践中并非如此。而且就算这一环节解决了，还有更深环节的问题。制度哲学研究告诉我们，制度可以细化，但不可能无限制细化，也不能无限制细化。毕竟“制度”有个“度”在里面，任何制度都不能抹杀掉人在遵循制度时的一定程度的自由裁量权，更何况制度再严格也会有人视若无物。这也就是现在社会常说的“钻制度空子”。马克思当年曾引用一位经济学家的话：“资本有50%的利润，它就铤而走险；为了100%的利润，它就敢践踏一切人间法律；有300%的利润，它就敢犯任何罪行，甚至冒绞首的危险。”现实社会中的权力又何尝不是如此，其面对的诱惑又何止300%。

## 二、重视在“防”字上作大文章

中国共产党雷霆万钧反腐败，但并不把反腐败取得的巨大成果当做一件高兴的事情。党员干部因腐败落马，不仅是干部本人的悲剧，也是我们党的干部队伍的损失，更不用说因腐败造成的社会财富损失了。如果通过科学有效的方式方法把“防”的工作做好，让腐败不再发生，也就不需要大动干戈去“反”了。

通过一系列的方式方法以及制度安排，超前化解权力运行过程中各类容易诱发腐败的风险，使腐败行为不发生或者少发生，这是反腐败的治本之策，也是治理腐败带有规律性的经验。党的十六大以来我们多次强调，要在坚决惩治腐败的同时，更加注重治本，更加注重预防，更加注重制度建设，讲的也是对治理腐败规律的认识。党的十八大又一次重申注重预防的方针，强调防控廉政风险，其着力点也在于此。

“防”要把教育作为基础。

构建教育、制度、监督并重的惩治和预防腐败体系，既是中国共产党对反腐倡廉规律认识进一步深化的结晶，又是十六大以来加强党风廉政建设的经验总结。在其中，教育作为反腐败和廉政建设的一项基础性工作，更是为中国共产党所重视并实践，为当代中国社会拒腐防变筑起了一道坚强的思想道德防线。

反腐败，制度具有根本性。因此，我们要通过构建一系列系统完备、科学有效、更加严格严密的制度体系来推进反腐败的工作。但是制度再完备，执行制度的人没有基本的制度意识，缺乏对制度权威的尊重，也是“徒法不自行”。甚至还会挖空心思寻找制度的漏洞，千方百计逃避制度的约束。

“防”的直接效果是有效地“反”，反腐败，但“防”的出发点与价值取向应该是“保”，保护党员干部。

事先的监督、风险的防控是一种关心、是一种爱护，是保护党员干部的重要手段。曾经有一个老同志讲过一段话，道出了我们加强监督的良苦用心。大意是，我们现在的体制往往是当干部掉到了坑里，我们就把他抓起来，能不能在他掉进去之前，先把这个坑填平呢？构建廉政风险预警机制，通过各种监督方式、各种监督途径，把可能让我们党员干部掉进去的“坑”填平，或者至少在这些“坑”周围设置明显的标记与障碍。在我们的党员干部要走向“坑”前打招呼、提个醒，甚至必要的劝诫，这是对他们最大的保护、最真诚的关怀。党的十八届三中全会提出的一系列制度安排，大到像形成科学有效的权力制约和协调机制，规范各级党政主要领导干部职责权限，科学配置党政部门及内设机构权力和职能，明确职责定位和工作任务，加强和改进对主要领导干部行使权力的制约和监督，加强行政监察和审计监督；推行地方各级政府及其工作部门权力清单制度，依法公开权力运行流程。小到像完善党务、政务和各领域办事公开制度，推进决策公开、管理公开、服务公开、结果公开；像完善惩治和预防腐败、防控廉政风险、防止利益冲突、领导干部报告个人有关事项、任职回避等方面法律法规，新提任领导干部有关事项公开制度试点等等，就是在“防”

字上做文章。

这“防”还体现在我们要仔细区分什么是腐败堕落的行为及其后果，什么是改革探索中出现的失误与错误。对于腐败堕落的行为必须严肃执纪，不能纵容；但对于改革探索中的失误一定要包容体谅。我国正处于深化改革的进程中，有很多全新的领域要拓展、全新的事情要摸索，如果党员干部没有敢闯敢试的精神，就不可能有改革的深化。而敢于改革的干部往往是有个性、有锋芒、有想法、有胆量的干部，他们在闯的过程中、试的行为中不可能事事都对、件件都成。如果因为一时的失误乃至错误就被打趴下，那么就不会有干部去改革创新了。对这样的干部，我们一定要“保”。

从简单的“反”到更加注重“防”，这也是我们纪检监察部门职能和形象转变的开始。我们的党员干部都愿意组织部门找谈话，害怕纪检部门找喝茶，这跟我们传统的行为模式有很大关系。其实，纪检监察部门不仅要反腐败，更要防腐败，不仅要对腐败分子雷霆万钧做铁面包公，更要对党员干部和风细雨，未雨绸缪，做贴心的“保健师”、健康的“疗养院”，为党员干部健康成长、廉洁工作保驾护航。现代社会的人都已经习惯定期去医院找医生体检，我们的党员干部为什么不能定期到纪检监察部门“保养保养”？我们的纪检监察部门应该把营造这样一种氛围作为新的工作增长点来做。

## 三、反腐败要勇于和善于动员群众

人民群众与中国共产党党员干部根本利益的一致性决定了人民群众的监督是一种善意、良性、建设性的同体监督，与多党轮流执政导致的恶意、破坏性异体监督相比具有巨大的优越性，同时人民群众与党员干部政治位势的不同又使得这样的监督具有极其的广泛性、深刻性和无可逃避性。

群众的眼睛是雪亮的，有些政府部门在公开“三公”经费时煞费苦心地把公布时间放在周末快下班时、把公布的内容放置于网站不显眼的位置以期不引人注目，这些小伎俩、小算盘是不可能瞒过群众的。群众的智慧是无穷的，纵使一些部门不愿意公布细节、不公布细节，群众也能还原出细节来。当一个部门的公车经费超乎寻常的时候，群众能算出原来它们的汽车竟然一个星期要换一次轮胎。“这车也太费轮胎了吧”，谈笑间一针见血。群众的力量更是不可限量的，一些部门据说也有很严格的“保密规定”以防范它们一些不想见人的行为被曝光，但总是按下葫芦起了瓢。为什么？很简单，广大的干部职工就其根本属性仍然是人民群众。本来就生活在人民群众的汪洋大海中，还有什么见不得人的秘密可保得住？

尤其在现代社会，随着政治文明的进步、科学技术的发展，当人民群众对腐败的监督通过新闻媒体而传播、通过互联网络而扩大的时候，其对党员干部腐败行为的约束力就更加巨大了。

那么如何既动员群众又不会变成搞群众运动？这一法宝就是制度建设。我们要建立健全保护民主监督的制度，让人民群众敢监督；建立健全具有可操作性的监督实施制度，让人民群众能监督；建立健全民主监督的追究问责制度，让人民群众的监督真正管用，等等。这一系列制度既是着眼人民群众的，又是针对政府部门和党员干部的，通过这些制度的建立健全，使监督方和被监督方都有章可循、按章办事，从而确保民主监督的正常有效运行。

# 专题三　提高党的建设科学化水平

提高党的建设科学化水平，这是根据世情、国情、党情的新变化对党的建设提出的新要求，抓住了根本，切中了肯綮。对于如何提高党的建设科学化水平，我们现在一般讲三句话：以科学理论指导党的建设、以科学制度保障党的建设、以科学方法推进党的建设。

应该说这三句话涵盖了提高党的建设科学化水平的核心问题，但是在推进党的建设的具体实践中，却不能仅仅停留于这三句话上，更不能满足于只是不断重复这三句话，必须对这三句话进行进一步的追问与思考。党的十八届三中全会指出，要紧紧围绕提高科学执政、民主执政、依法执政水平深化党的建设制度改革，加强民主集中制建设，完善党的领导体制和执政方式，保持党的先进性和纯洁性，为改革开放和社会主义现代化建设提供坚强政治保证。这一要求为我们切实提高党的建设科学化水平指明了着力点。

## 一、政党的变与不变：在科学理论的指导下做出明确回答

马克思主义是中国共产党立党的根本指导思想。以科学理论指导党的建设，就是要坚持马克思列宁主义、毛泽东思想、邓小平理论、“三个代表”重要思想以及科学发展观对中国共产党党的建设强有力的理论指导。关于这一点，中国共产党是这样讲的，也是这样做的。但是如何把这些科学理论的指导性与中国共产党面临的新形势、新任务、新使命有机结合起来，实现党的建设的创新与发展却不是一件轻而易

举的事情，有很深刻的客观规律需要我们去认识、去把握，有大量复杂课题需要我们去研究、去破解。

从中国共产党建党到现在已经 90 多年。90 多年来中国共产党历经革命、建设和改革，党员队伍、党所处的地位和环境、党所肩负的任务，都发生了重大变化。具体来说，中国共产党已经从领导人民为夺取全国政权而奋斗的党，成为领导人民掌握全国政权并长期执政的党；已经从受到外部封锁和实行计划经济条件下领导国家建设的党，成为对外开放和发展社会主义市场经济条件下领导国家建设的党。既然政党的功能定位有了变化、目标任务有了变化、执政环境有了变化，那么政党本身又该如何变化呢？建设一个什么样的党，是中国共产党党的建设根本问题，也是以科学理论指导党的建设必须回答的首要问题。

关于变，有两重内涵，第一个层面：变是必然的，不变是不可能的；第二个层面：变是必需的，不变就不可能存在。但具体到某一个有特定内涵或质的规定性的客体来说，比如说政党，在特定的历史时期内，变中必须有不变，必须有相对的稳定性，正所谓变易、简易、不易，特定阶段变化中的质的规定性是不能变的。那么，对于已经执政并将长期继续执政的中国共产党来说，这质的规定性又是什么呢？什么是可变的，什么是不可变的？什么是必须变的，什么是绝不能变的？关于这变与不变的追问就需要我们通过科学理论指导来做出明确回答。

改革开放 30 多年的历程，让中国共产党的一些行为模式与执政理念发生变化。但我们必须清楚认知这个转变究竟是个什么转变，是小孩子成长变成大人了呢？还是从张三化身变成李四了呢？这两个变化有本质的不同。从小孩子变成大人方向对没问题，但是如果从张三变成李四了，问题恐怕就要出来了。或者我们把话说得再明白一点：一个政党，比如说 A 党，在改革的过程中不断地改变，变成了 B 党，那么这个时候，我们设想一下，这个 A 党还存在吗？

在哲学上有一个关于谷堆的辩论，我们称为“谷堆悖论”。大致意思是这样：我们假定有一堆谷子形成一个谷堆，哲学就来追问，从这个谷堆中拿掉一粒谷子，谷堆还是不是谷堆？答案是毫无疑问的，当然是谷堆。那么就这样不断地一粒一粒地拿下去，虽然谷堆在不断缩小，但好歹还能称为是谷堆，至少说谷堆还存在。问题是，当谷子就剩下最后一粒时，哲学来进行一如既往的追问了：“当我们再拿掉一粒后，谷堆还存在吗？”答案也是毫无疑问的，谷堆已经没有了。到这个时候，我们就必须面对哲学这样一个追问：同样是拿掉一粒谷子，为什么拿掉这一粒谷子，事情就发生了如此大的变化呢？难道这一粒谷子与其他谷子不一样吗？

当我们强调自觉地把思想认识从那些不合时宜的观念、做法和体制中解放出来，从对马克思主义的错误的和教条式的理解中解放出来，从主观主义和形而上学的桎梏中解放出来的时候，我们一定要搞清楚什么是“不合时宜的观念、做法和体制”，什么是“对马克思主义的错误的和教条式的理解”，什么是“主观主义和形而上学的桎梏”。如果对此没有明确的界定与统一的认识，那么每一个人、每一个群体、每一个集团都有可能将自己不喜欢、不乐意、不接受的东西都装进这一个筐中而理直气壮地丢弃掉。

对于中国共产党来说，谱写新的理论篇章与坚持马克思主义基本原理是统一的，创造新鲜经验与发扬历史传统并不矛盾。新的历史方位让中国共产党必须成为中国人民和中华民族的先锋队，但这绝不意味着是对中国工人阶级先锋队性质的淡化，马克思主义政党的阶级性是须臾不能丢的，丢了就会丧失根本；新的发展方式让中国共产党必须领导人民发展社会主义市场经济，但同样这绝不意味着就是用市场原则替代党性原则，决不意味着政党有了自己特殊的利益，中国共产党全心全意为人民服务的宗旨须臾不能丢，丢了就是自毁长城。

因此当我们在强调改革的精神推进党的建设的同时，中国共产党的宗旨信仰、中国共产党人的精神状态、中国共产党着重从思想上建党的原则、党的建设要紧密围绕党的政治路线来进行的原则、党的民主集中制原则、以三大作风为主体的党的优良传统和作风等所有这些在过去时期行之有效，在封闭建设环境下行之有效的东西，在今天还仍然有极其重要的现实意义，当然其实现形式可能是全新的。

## 二、实体与程序：构建科学制度的“鸟之两翼”“车之两轮”

在现代社会，政党作为一个组织，要想运行得好，有战斗力，制度保障是最基本的。没有制度，就没有规矩，就谈不上规范化。制度健全，可以有力地促进和保证党的建设；制度不健全，或存在弊端，党的建设就会受到很大影响。邓小平反复强调：“领导制度、组织制度问题更带有根本性、全局性、稳定性和长期性。”把一些行之有效的好做法上升为制度，是我们这些年来党建工作的重要经验。

但是制度建设不能空谈，不能理论上行得通，实际中做不到；不能名义上有制度，实际上不管用。科学的制度是反映客观规律的制度，是有可操作性的制度。这也就是为什么中国共产党特别强调，“要增强党内生活和党的建设制度的严密性和科学性”。

那么什么才是科学的制度呢？什么样的制度才可以称得上是具有严密性和科学性的制度呢？制度研究的理论告诉我们，科学的制度是一个制度系统，制度设计不能单打一，不能单兵突进，必须相互配套，构成一个系统。在这个制度系统中，既要有实体性制度又要有程序性制度，既要明确规定应该怎么办又要明确违反规定该怎么处理，以减少制度执行的自由裁量空间。

具体来说，实体性制度主要是指那些体现价值指向、追求结果的正义与正当的制度安排。政党必须尊重党员的主体地位，因而要有保障党员民主权利的制度，像党的代表大会制度、民主集中制等实体性的制度安排。程序性制度则是指为了实现实体性制度所要求的价值理念而作的程序性的规定与要求，更加注重制度实现过程的公开性、正当性与规范性。比如，如何让党代表大会制度切实做到保障党员民主权利？要通过党的代表大会任期制以及党代表常任制这些程序性的制度来保障。如何保证民主集中制能充分反映党员意见？可以通过票决制这样的程序性制度来实现。程序性的制度可以对制度执行的自由裁量空间进行有效规范，既保障了制度必要的灵活性，又保证了制度必须的严肃性。

从理论上讲，我们在制度建设过程中，一定要把握好两者之间的辩证关系。如果只注重实体性制度，没有程序性制度保证，其实体性所宣示的价值就只可能停留于话语中，到最后连话语本身真诚与否都会让人质疑。现在群众把很多制度称为“说得很好听，原来都是假的”，指的就是由于没有程序性制度保障，实体性制度最后沦为欺世盗名。反之，片面强调程序性制度，仅仅在形式上做文章，则会陷入另外一种误区，“很花哨、很像模像样，就是不来真的”，最终也必将损害制度正义本身。

结合这些年来中国社会和中国共产党制度建设的实际与经验，我们现在应该对程序性制度给予更大的关注。我们过去在实体性制度方面做得比较多，制定了很多“做什么”的制度、“应该如何”的制度，对程序性的制度关注不够，比较缺乏“怎么做”的制度、“规定动作”的制度。邓小平曾讲过：“我们过去发生的各种错误，固然与某些领导人的思想、作风有关，但是组织制度、工作制度方面的问题更重要。这些方面的制度好可以使坏人无法任意横行，制度不好可以使好人无法充分做好事，甚至会走向反面。”① 说的就是程序性制度。

对于中国共产党来讲，按法定程序办事，是政党自身建设的重要内容，也是政党依法执政的重要保障。用宪法和法律规范政党执政行为，既要规范做什么，也要规范怎么做；既要规范执政程序，使执政

---

① 《邓小平文选》第2卷，人民出版社1994年版，第333页。

主体有所遵循，也要完善执政监督程序，让人民群众知道怎么监督政党和政府。实践表明，是否重视程序性制度的建设，是否坚持按法定程序办事，其结果是大不一样的。如果没有程序性的制度从程序上规范政党和政府“怎么做”，实际上也就无从规范政党和政府“做什么”；如果没有程序性的制度规范人民群众监督政党和政府的程序和渠道，人民群众也不知道怎么监督政党和政府，实际上也就无法监督政党和政府。

## 三、信息网络技术：反映时代特征的科学方法让党建如虎添翼

“事变时移，变法宜矣”。即使是过去行之有效的好办法也会随着形势的变化越来越不管用、不好用、不能用。党的建设同样如此，面对变革的时代和创新的实践只能以改革创新的方法应对。

在过去，信息的获取与掌握呈“倒金字塔”状态，决策层越高，掌握的信息越及时、越充分；信息的传递则是“正金字塔”状态，从高到低层层逐级传达。不同地区之间、不同社会群体之间、不同地区的那些具有相同利益诉求的群体之间的交流相对比较少，社会活跃程度没有充分发育。仅从信息占有决定决策质量来看，这就使得执政者在正常情形下做出的决策确实要优于其他群体。而且执政者也比较容易出台“放之四海而皆准的”政策，即使有一到两个地区或群体有不同甚至反对的意见，但由于相互之间缺乏有效的沟通和联络，也无关大局，成不了气候，影响不了既定政策；即使出现了突发事件，也比较容易封锁消息，把影响控制在尽可能小的范围之内，然后慢慢寻找对策。

但是进入信息时代后，这种执政方式和执政理念已经很难再奏效了。信息化的发展、特别是网络技术的进步，把整个地球缩小成为了一个“地球村”。在网络中，空间彻底消失了，边界不复存在了，地

位、身份、层级不再具有实际意义，无论咫尺还是天涯，无论是最高决策者还是社会普通群众，都可以无障碍地出现在同一个平台中。信息可以方便地获取，信息也能迅即地传播。这样开放的技术状态直接导致相应开放的社会状态，公开、透明日渐成为了信息时代社会的主要特征，也成为了在信息时代执政的最基本要求。任何执政者都必须要在公开、透明的情况下迅速做出决策，其决策结果又必须直接接受社会大众的评判与检验。但是现在的情形是，执政者对某一项社会政策的决策所依据的信息与社会大众所拥有的相差无几，甚至出于体制摩擦和机构延滞，其信息获取的及时性、全面性、客观性、有效性不见得比普通大众快多少、好多少、真多少和高多少。

这样开放的技术状态直接导致相应开放的社会状态，公开、透明、活跃、多元日渐成为了信息时代社会的主要特征，也成为了在信息时代政党建设的最基本要求。任何人、任何群体、任何组织，只要愿意，都可以通过网络来表达其要求、传播其理念、贡献其意见，并且通过网络寻找志同道合的赞同者与支持者，跨区域、甚至跨国界的形成看似虚拟但又能实实在在在政治发展中起作用的组织与团体，对现实社会中的政治组织及其政治行为产生影响。将政党理念、政党政策即时迅捷、没有遗漏地传播给每一个成员；将每一个成员的有益建议、真实要求不被过滤、不被衰减地收集上来；让政党在应对挑战时既有力到位又富有弹性等等，离开对现代网络技术的运用是不可想象的。

更重要的是，进入信息时代，“法律”资源的重要性日益凸显，甚至成为了比“权力”资源更重要的执政资源。夯实我们执政的法理基础，充分依靠法律、运用法律构建社会主义和谐社会，是我们加强党的执政能力建设的重要内容之一。信息时代不仅仅是信息广泛交流的时代，也是社会群体广泛产生、各种交往关系空前活跃、各种社会性活动此起彼伏的时代。不同的社会阶层与利益群体出于不同的阶层群体意识、不同的利益获取与维护模式，肯定会发生各种形式的冲突与问题。面对社会利益的逐渐多元化，我们在执政时就不能简单地只使用行政权力去“命令”，可能更多的是要从法律方面去讲“协调”与“协商”。党的执政能力高与低不仅仅表现为刚性的控制与自上而下的指令，更体现为社会动态有机的和谐和群众自觉自愿的认同，体现在法律的自觉维护和法治的自觉践行。这就要求我们在贯彻依法治国方略方面取得新进展。党要坚持依法治国，领导立法，带头守法，保证执法，坚持在宪法和法律范围内活动，带头维护宪法和法律的权威；要督促、支持和保证国家机关依法行使职权，在法治轨道上推动各项工作的开展；要善于通过法律正确认识、选择和协调各方面的利益关系，依法建立健全社会利益协调机制，引导群众以理性合法的形式表达利益要求、解决利益矛盾；善于通过法律的实施，保护合法利益，抑制非法利益，实现利益整合，为最大多数人谋求最大的利益，维护广大人民群众的根本利益等等。

如果仍然停留于过去的理念模式，满足于过去的方式方法，不仅不可能执好政，还会引发严重的问题，这些年来不断发生的群体性突发事件就给我们在信息时代执政上了很深刻的一课。

我们不要认为马克思主义与网络相距较远，或者说网络是非马克思主义的。其实马克思主义就是建立在现代科学进步的基础之上的。恩格斯说过，科学发展中的每一个新发现，都使马克思感到衷心喜悦。所以，中国共产党人作为马克思主义者，决不应该拒绝网络这项当今世界最重要的科技发明。我们要勇于学习各种新的信息技术，善于用新的信息技术来加强和改进党的建设，提高党建工作效率，让信息技术成为我们执政的利器，而不是相反。具体来说，我们要办好党建网站、建立全国党员信息库、推进基层党组织工作信息化、加强农村党员干部现代远程教育网络一体化建设、健全反腐倡廉网络举报和受理机制、网络信息收集和处置机制，等等。其实这些新方法已经在中国共产党党的建设中开始发挥积极作用。

2009 年 12 月 1 日，中央学习实践科学发展观活动专题网站——“学习与实践网”与新华网“新华手机报”共同创办了“学习实践科学发展观”手机报，将学习实践活动的新情况、新要求、新进展直接传达给全国基层广大党员干部和读者，开辟了运用手机媒体进行重大主题宣传、开展教育活动的先例。这种手机报可谓“掌上移动党课”，使得学习典型不再是单向的灌输，而是双向的互动交流，广大基层党员干部对此反响热烈。

2010年1月5日，以习近平同志向全国100万名基层党组织书记、大学生“村官”发出问候短信为标志，我们又开通了全国基层党建工作手机信息系统。这一系统收集汇总了全国100万名基层党组织书记、大学生“村官”及省、市、县党委组织部长手机号码，通过手机短信互动，实现了中央组织部、省区市党委组织部与基层党组织书记、大学生“村官”之间快捷、及时、双向、安全的联系沟通。

当然，这些只是以科学方法加强党的建设的一个开始。随着我们认识的深化、本领的提高，这些适应时代特征的方法必然会成为中国共产党在新的历史背景下加强党的建设的新工具，让中国共产党党的建设如虎添翼。

# 专题四　用信仰固本培元

靠什么把一个8800多万人数的大党凝聚起来？是信仰；靠什么让中国革命的星星之火成为了燎原之势，山沟里的马克思主义赢得了中国？还是信仰。中国共产党的90多年，无论是筚路蓝缕还是高歌猛进，一以贯之的是对马克思主义的信仰。信仰坚定则事业昌盛，信仰淡化则捉襟见肘。

## 一、中国共产党是一个有信仰的政党

中国共产党如此重视政党信仰，既是对政党本质的深刻认知，又是对工人阶级政党先锋队性质的高度自觉，中国共产党90多年的历史也无时无刻不证明着这一事实。

就政党的本质来说，信仰是一个政党区别于其他政党的根本。政党之所以是这个样子，而不是别的什么样子，源于它的信仰。

信仰来不得半点含糊，也来不得一丝虚伪。不丢信仰之名却放弃信仰之实，可能会有暂时的蝇头小利，却终会导致政党大厦的坍塌。这在世界其他一些政党的实践中是有血的教训的。

有人可能会问，在现代社会，信仰在政党中的地位好像并不怎么重要啊。像美国的两个党，它们之间连政策差别都越来越小了，更不用说在主义理念上的差异了。而且它们的党员登记只有在选举的时候才进行，社会公民在哪个党登记，就是哪个党的党员，今年是共和党，四年后登记为民主党也可以。

这话说的没错，但它说出的只是现象而不是本质。现代西方政党是在资本主义社会的大环境中产生和发展的，不论哪一个政党对资本主义社会都是认可的。政党与政党之间的差别只是在如何更好地保持资本主义社会发展的具体方法步骤上有细微差异罢了。而且由于现代资本主义社会、特别是一些发达国家的阶级结构相对统一，中间阶层选票相对集中，使得无论是两党制还是多党制，所有政党的政策都向“中间化”靠拢。

但要说这些政党没有信仰就大谬了。他们的信仰就是对资本主义的信仰，他们的信仰不仅“坚定不移”，而且还不容置疑；不仅自己相信，还要求别人也相信。现在一些西方国家把其价值观包装成“普世价值”，何尝不是一种希望传播自己信仰的行动。在这方面，资本主义社会的政党有很多值得我们学习的地方。

中国共产党作为工人阶级的先锋队，是以消灭剥削的旧社会，建设社会主义社会，实现共产主义社会为其奋斗目标，当然要确立起在马克思主义指导下的共产主义信仰。

信仰是旗帜鲜明的，信仰无须遮遮掩掩。信仰靠真诚而赢得尊重，靠坚定而得以实现。顾忌他人对自己信仰的不认同，试图靠“乡愿”去左右讨好，只能适得其反，为对手所瞧不起。中国共产党之所以是中国共产党，就源于它对共产主义的信仰与对共产主义的不懈追求。没有了共产主义信仰的共产党还能是共产党吗？不追求共产主义的共产党还有必要存在下去吗？这些提问听起来好像有些惊世骇俗，其实就是大白话、大实话。

正因为信仰对于政党的根本性意义，中国共产党对于信仰给予了高度的重视。毛泽东“主义譬如一面旗帜”就是讲信仰的。只有旗帜竖了起来，才会应者云集，知道向哪里去靠拢。邓小平特别强调，为什么我们过去能在非常困难的情况下奋斗出来，战胜千难万险使革命胜利呢？就是因为我们有理想，有马克思主义信念，有共产主义信念。所以，“对马克思主义的信仰，是中国革命胜利的一种精神动力。”①

---

① 《邓小平文选》第3卷，人民出版社1993年版，第63页。

中国共产党人对信仰也是身体力行的。毛泽东说过："我一旦接受了马克思主义的信仰就没有动摇过。"毛泽东用他的一生证明了这一点。不仅毛泽东自己，连他全家的人都投入到了这个事业中来。毛泽东的家庭有7个人把自己奉献给了他们的信仰。对于毛泽东来说，中国的独立、中国人民的解放、社会主义的建设、共产主义的实现这些基于马克思主义的信仰，不仅是他矢志追求的目标，更是他全部生命意义的价值所在。为了这一信仰，他可以放弃一切。所以就有置生死于度外赴重庆谈判，所以就有冒险留在陕北牵制对手以赢得全局战略主动的行为，所以就有让毛岸英率先入朝捐躯沙场的义举等等。理解了毛泽东的这种信仰，就可以理解他为什么能全心全意为人民服务，面对群众真诚地喊出了"人民万岁"；就可以理解他为什么对于一些共产党人的腐败与特权深恶痛绝，甚至到了水火不容的地步。

中国共产党的领导人是如此，千千万万为中国革命献出自己生命的普通共产党人何尝不是如此！

## 二、中国共产党的信仰是科学的信仰

曾几何时，西方社会将共产主义信仰视为洪水猛兽，甚至不惜撕开其文明的面纱采取暴力手段必欲除之而后快。进入现代社会之后，血腥的行为虽然表面看不见了，但遏制防范消解丑化的动作却一直没有终止。

为什么如此？绝不仅仅是因为共产主义信仰与他们的信仰相对立，更主要的是共产主义信仰有实现其追求的能力，堪比精神的原子弹。一些土著部落的信仰被西方社会供在博物馆里还美其名曰"多样化"就是因为它们对西方资本主义没有威胁的能力。

共产主义信仰的这种能力来自其科学性。

共产主义从来不是虚无缥缈的。共产主义体现在现实的经济政治生活中就是为了最大多数人的利益。这最大多数人是"无产阶级"也好，是“工人阶级”也罢，还是“中产阶层”等等，称谓随着时代的不同可能会、也可以有不同的说法，但它必须确实是一个社会中的最大多数。

直到目前为止，人类社会的发展方式都是“非中性”的，每一发展方式都有其有利群体，有其被牺牲群体。我们打个比方，如果一个社会把游泳作为主导方式，占便宜的肯定是乌龟；如果把长跑作为主导方式，兔子就有优势了。别看龟兔赛跑乌龟老赢，那是童话不是现实。

现在西方资本主义的发展方式就是有利于一小部分群体的发展方式，他们可以利用对资本、专利乃至规则控制的优势来为部分群体的为所欲为提供保障。甚至连“民主”这样在西方意识形态中的神圣东西，也毫不回避是精英的游戏，倘使有民众不知天高地厚掺和过多会被扣上“暴民大多数”的帽子。在这样情形下，绝大多数的群体被边缘化了。就算有些群体被纳入所谓全球化的轨道，也不过是被作为廉价打工者而工具化了，在温水煮青蛙的状态中走向异化。

有人可能会说发达资本主义国家的老百姓都富裕了，此话不假。国内矛盾国际化是目前资本主义社会的发展态势，美国3亿人日子过得确实不错，但却是利用美元国际货币的优势地位把金融危机都转嫁到其他国家去了，美国民众的次贷危机让全世界为其买单。如果资本主义的发展能让世界60亿人都过上美国人的生活，我们之间也就没有了信仰的对立，但这在资本主义制度的逻辑框架中是不可能的。

共产主义不是要让所有人都变成无产阶级，而是要通过创造社会发展的环境和条件让每一个人都能有全面发展的可能，是要通过消灭资产阶级的同时消灭无产阶级来实现无产阶级的整体解放。这也就是为什么恩格斯强调共产主义社会最根本的特征就是“每个人的自由发展是一切人自由发展的前提”。人类社会的发展从来都要着眼于60多亿人，而不能只考虑3亿人。对中国共产党来说，中国社会的发展从来就是13亿人的全体，是960万平方公里的全部，不能是一部分人，不能是一部分地区。

中国共产党人的这种信仰以及由信仰延伸出来的理想信念既不是出自痛恨资本主义的道德义愤，也不是源于向往共产主义的善良愿望，而是基于对社会发展规律的科学认识。资本主义社会的社会生产不是基于满足需求而是源于对利润的追求，劳动在社会生产过程中不是作为主体而是成为资本获取剩余价值的工具。这样的发展方式是不可能持续的，这样的发展方式是背离公平正义的，这样的社会发展方式也是没有前途的。只有尊重每一个人的发展权利，只有让每一个人都能得到发展，社会才能真正走向繁荣与发展。

确实对于现代世界来说，社会主义社会刚刚破题，共产主义社会尚没有成为现实，反倒是资本主义的发展方式有诸多的存在依据和相当的支持度，大有铺天盖地、一统天下的态势。但是理想尚没成为现实不等于就是乌托邦，现实存在的不一定就是合理的。而且共产主义社会没有到来并不意味着共产主义运动没有在进行。马克思、恩格斯说："共产主义对我们来说不是应当确立的状况，不是现实应当与之相适应的理想。我们称为共产主义的是那种消灭现存状况的现实的运动。这个运动的条件是由现有的前提产生的。"[①] 中国共产党人一直在进行着超越资本主义社会建设社会主义社会的实践，中国特色社会主义道路的开辟就是我们在现时代的共产主义运动。

只要我们一直在为改变旧的社会状态而努力，共产主义就在我们每一天的行动中。

## 三、实践信仰是中国共产党力量之源

毋庸讳言，随着中国共产党作为唯一执政党执政时间的延伸，政党信仰的意识客观在逐渐淡化。有些同志以为执政权在手，一切事情

① 《马克思恩格斯选集》第1卷，人民出版社1995年版，第87页。

都好办；执政权在手，一切资源都归我们支配，一切力量都服从我们调度。其实事情并非如此。中国共产党是因为信仰的力量才赢得了执政权，因为信仰的光辉才被宪法赋予唯一执政的地位，而不是相反，也不能相反。

所以，中国共产党的领导体现在其政党宗旨信仰理论的领导上，而不仅仅是、甚至不主要是政党成员的领导；是政党通过信仰它的成员来实现政党追求，而不是政党成员拉大旗作虎皮以政党的名义谋自己的利益。

直面现实，中国共产党走过90多年的历程之后，实践信仰的要求再一次凸显出来。

实践信仰，任重道远。

应该说在当下的时代背景和国际环境下，坚守共产主义的信仰确实不是一件容易的事情。资本主义内在活力的继续释放，国际共产主义运动的式微，人类社会的发展规律并不像我们过去想得那样一目了然，而是隐藏在目前尚不断展现繁荣的社会现象中。透过资本主义社会表面的繁华看出背后的危机与必然的消亡，透过共产主义运动目前的式微看出其必然的胜利与铁的法则，需要大觉悟、需要大定力、需要大无畏，否则很容易随波逐流、人云亦云，甚至失望灰心、自废武功。

实践信仰，刻不容缓。

由于中国共产党是执政党，一些政党成员尚不敢公开否认对共产主义的信仰，但他们在心里、在行动上已经不再相信共产主义。对一个政党来说，这种情况是很危险的。公开反对共产主义没关系，站到共产党的对立面去批判这个党也没关系。共产党从来不缺反对者，共产党也从来不怕反对者。对手的存在还可让我们更加警觉、更加自律、更加有斗志。怕就怕拉大旗作虎皮、挂羊头卖狗肉，打着共产主义的招牌，行着非共产主义、甚至反共产主义的作为。

我们通过毛泽东晚年的经历可以看出，对于一个社会来说，其政治家有坚定信仰可又犯了错误并不是好事情，但没有信仰而又身处其位则更加可怕。一个有信仰的政治家可能会犯错误，但绝对是可以信赖的，只要我们有一套规范的政治体制与政治运行机制，其错误是完全可以避免的，现代政治发展已经为我们提供了这样的条件。但是如果一个政治家没有起码的信仰，有的只是利益的算计，可又对社会指手画脚，恐怕更大的悲剧就会发生了。这也就是为什么邓小平曾经特别强调："党和政府愈是实行各项经济改革和对外开放的政策，党员尤其是党的高级负责干部，就愈要高度重视、愈要身体力行共产主义思想和共产主义道德。否则，我们自己在精神上解除了武装，还怎么能教育青年，还怎么能领导国家和人民建设社会主义！"①

实践信仰，从我做起。

政党信仰是一个宏大的主题，政党信仰又是一件十分具体的事情。政党信仰的生命力不存在于经典著作里，也不存在于文件报告中，而是实实在在体现在每一个政党成员的一举一动中。实践信仰不是一句口号，而是每一个成员的觉悟；我们不仅要在组织上加入共产党，更要在思想上走信仰共产主义。对于真正的共产党人来说，实践信仰不需要攀比，不会提出"凭什么只有我实践别人不去做"这样看似有理其实荒唐的疑问。我信仰，我去做，这样就足够了。星星之火可以燎原，真正的信仰能唤醒梦中之人。当我们每一个政党成员都能如此的时候，我们的信仰就会结出现实之果。

90 多年来的辉煌历史让中国共产党人认识到，我们是用共产主义信仰和马克思主义理论武装起来的觉悟者。我们理解我们的思想，我们认同我们的信仰，因而我们实践着我们的主义。现在为整个国际社会瞩目的"中国道路"就是新时期中国共产党人实践自己信仰与主义的杰出作品。

---

① 《邓小平文选》第 2 卷，人民出版社 1994 年版，第 367 页。

# 党内生活篇

办好中国的事情，关键在党，关键在党要管党、从严治党。党要管党必须从党内政治生活管起，从严治党必须从党内政治生活严起。党内政治生活是党内各级组织和党员按照党章及党内各项规章制度进行的各种政治活动的总和，是广大党员干部锻炼党性、提高思想觉悟的熔炉。着眼于民族复兴与执政党发展，党的十八届六中全会通过了《关于新形势下党内政治生活的若干准则》（以下简称《准则》），这是新形势下指导全面从严治党的行动纲领、加强和规范党内政治生活的根本遵循，我们要把学习贯彻《准则》作为当前全党的重大政治任务抓紧抓好。

# 专题一　制定《准则》：历史承继与现实考虑

治国必先治党，治党务必从严。《准则》的制定，充分借鉴了我们党历史上关于严肃党内政治生活的经验和教训，全面总结了近年来特别是党的十八大以来管党治党的新鲜经验，并基于时代发展变化对全面从严治党提出的现实要求，对新形势下加强和规范党内政治生活的重点内容、主要任务、重要举措作出了系统部署。

## 一、严肃党内政治生活是党的优良传统

在长期实践中，我们党坚持把开展严肃认真的党内政治生活作为党的建设重要任务来抓，逐渐形成了具有鲜明特色的党内政治生活基本规范，为巩固党的团结和集中统一、保持党的先进性纯洁性、增强党的生机活力积累了丰富经验，为保证完成党在各个历史时期中心任务发挥了重要作用。在不同时期，严肃党内政治生活强调的侧重有所不同，但可以说，开展严肃认真的党内政治生活，是我们党的优良传统。

### （一）立党初期就高度重视纪律和规矩

我们党成立伊始，就强调立规矩、讲纪律。

党的一大制定的第一个纲领，对党内政治生活作出了严格的规定。党的二大通过的党章中专列“纪律”一章，计九条，其中规定，各地党的组织“不得自定政策”，凡关系全国之重大政治问题，各地党组织

不得违背中央立场“单独发表意见”，“言论行动有违背本党宣言章程及大会各执行委员会之议决案”，必须开除党籍。

党的五大，面对危急的形势明确提出“宜重视政治纪律”。大会通过的党章共十五章、五十三条，其中“党的纪律”作为单独章节，共有两条，还有一些强调党的组织纪律的条款分散在“党的组织系统”等部分。

南昌起义后的“三湾改编”提出把“支部建在连上”，强调了党内政治纪律在军队建设中的重要性。

1927年10月，毛泽东在创建井冈山革命根据地的过程中，确定了24个字的入党誓词，其中有“服从纪律”这四个字。后来，毛泽东还创设了人民军队的基本纪律，后来发展为“三大纪律、八项注意”，其中第一条纪律“一切行动听指挥”，讲的就是政治纪律。

### （二）提出“党内生活”并逐步形成基本规范

党内政治生活的概念源于毛泽东1929年在《古田会议决议》中反对党内主观主义错误时所说的“纠正的方法：主要是教育党员使党员的思想和党内的生活都政治化、科学化”。古田会议之所以重要，在于批评和纠正了主观主义、极端民主化、单纯军事观点等党内各种非无产阶级思想，确定了思想建党、政治建军的原则。

党的扩大的六届六中全会通过中央委员会工作规则与纪律等三个决定，用严格的纪律来规范党内关系。

延安整风初期，为了统一全党的思想，毛泽东在1941年9月中央政治局扩大会议上提出了一个著名的论断：“路线是‘王道’，纪律是‘霸道’，这两者都不可少。”意思是党的建设，既要靠正确的路线方针来指导，也要靠铁的纪律来约束。延安整风针对主观主义、宗派主义、党八股问题，提出了实事求是的思想路线、群众路线的工作方法、批评和自我批评的党内政治生活方式和惩前毖后、治病救人的重要原则。

党的七大制定了新党章，第一次规定了党员的权利与义务，概括和提炼了党的三大作风。

经过延安整风和党的七大，我们党全面总结了处理党内关系的正反两方面经验，逐步形成了以实事求是、理论联系实际、密切联系群众、批评和自我批评、民主集中制、严明党的纪律等为主要内容的党内政治生活基本规范。

1948年9月，中央政治局专门召开扩大会议，主要议题就是“军队向前进，生产长一寸，加强纪律性，革命无不胜”。会议强调要建立请示报告制度，党的下级的重要决议必须呈报党的上级组织批准以后方准执行；各级党的领导机关，必须将不同意见的争论，及时地、真实地向上级报告，其中重要的争论必须报告中央。

1949年3月，毛泽东在党的七届二中全会上讲的关于健全党委会的工作方法，实际上是为严肃党内政治生活立下了总规矩。此外，还提出了“两个务必”，作出不给领导者祝寿等“六条规定”。

在新民主主义革命实践中，正因我们党上下齐心，认真遵循这些党内规矩，才使我们党领导中国人民最终取得新民主主义革命的伟大胜利，进而顺利地转变为在全国执政的执政党。

### （三）拨乱反正与制定1980年的准则

新中国成立以来，我们党基本上坚持了严肃党内政治生活的好传统好作风。

1956年，党的八大确定的执政党建设方针及之后提出的“六有”政治局面目标，指明了开展党内政治生活的方向。

七千人大会是党在相当大的范围内直接发扬民主、开展批评和自我批评的一次有益探索和尝试。

“文化大革命”时期，林彪、江青等人搞团团伙伙，结派营私，不少地方和部门则大闹派性，各行其是，成为党内政治生活的乱源。党的组织、党员的党性观念、党的优良传统和作风遭到了严重破坏。

党的十一届三中全会总结失误教训，恢复党的实事求是的思想路线，实现了工作重点的转移。之后，我们党总结党内政治生活正反两方面经验特别是“文化大革命”的惨痛教训，于1980年制定了《关于党内政治生活的若干准则》，第一次以党内法规的形式对党内政治生活做出规范，具有很强的针对性和时代特点。这个准则，在“文化大革命”结束后的那个特殊时期，对实现政治上、思想上、组织上、作风上的拨乱反正和全党工作中心的转移，促进党内的团结统一、保证改革开放和社会主义现代化建设顺利进行，发挥了十分重要的作用。

党的十一届六中全会通过《关于建国以来党的若干历史问题的决议》，实现了党的指导思想上的拨乱反正。

应该说，新中国成立以来，虽然经历过波折，但我们党继承和发展了党内政治生活这个优良传统，保证了从领导革命的党向执政党的历史性转变。

## 二、制定《准则》的重要性紧迫性

加强和规范党内政治生活，是实现党的建设科学化、现代化的关键，也是实现治国理政现代化的关键步骤。新形势下，加强和规范党内政治生活，既要坚持过去行之有效的制度和规定，也要结合新的时代特点与时俱进，拿出新的办法和规定。党的十八届六中全会指出，为更好进行具有许多新的历史特点的伟大斗争、推进党的建设新的伟大工程、推进中国特色社会主义伟大事业，经受“四大考验”、克服“四种危险”，有必要制定一部新形势下党内政治生活的准则。

### （一）完善“四个全面”战略布局的需要

中国共产党是中国特色社会主义事业的领导核心，没有党的坚强领导就根本不可能实现全面建成小康社会目标，只有全面加强党的领导并不断加强党的自身建设，才能确保改革开放事业的正确方向，才能稳步有序地全面推进依法治国。只有将全面从严治党的理念贯穿于治国理政的方方面面、贯彻于干事创业的始终，中华民族的伟大复兴的中国梦才能实现。因此，制定《准则》，是新形势下加强党内政治生活、进而完善“四个全面”战略布局的战略需要。

近几年来，党的十八届三中、四中、五中全会相继就全面深化改革、全面依法治国、全面建成小康社会进行了专题研究，十八届六中全会再以制定《准则》、修订《中国共产党党内监督条例》为重点专题研究全面从严治党，“四个全面”战略布局就都分别通过一次中央全会进行了研究和部署。这是党中央根据“四个全面”战略布局进行的一个整体设计。

新形势下，完善“四个全面”战略布局，需要加强和规范党内政治生活，需要党要管好党治好党，这对全党提出了更高的要求。只有将加强和规范党内政治生活贯穿于推进“四个全面”整个过程，才能增强党员干部的战斗力，凝聚起磅礴的社会力量。

### （二）深化全面从严治党的需要

中国特色社会主义是我们党领导的伟大事业，全面推进党的建设新的伟大工程，是这一伟大事业取得胜利的关键所在。我们党抓党的建设，很重要的一条经验就是要不断总结我们党长期以来形成的历史经验和成功做法，并结合新的形势任务和实践要求加以创新。加强和规范党内政治生活，就是新形势下全面从严治党、推进党的建设新的伟大工程的重要基础工程。

回顾我们党 90 多年的历程，正反两方面的经验告诉我们，什么时候党内政治生活正常健康，我们党就充满生机活力，党的事业就蓬勃发展；反之，就弊病丛生、人心涣散，给党的事业造成严重损失。

全面从严治党是十八大以来党中央抓党的建设的鲜明主题。可以说，以习近平同志为核心的党中央身体力行、率先垂范，坚定推进全面从严治党，坚持思想建党和制度治党紧密结合，集中整饬党风，严厉惩治腐败，净化党内政治生态，党内政治生活展现新气象，赢得了党心民心，为开创党和国家事业新局面提供了重要保证。

党的十八届六中全会审时度势，对党的历史上特别是十八大以来从严治党的理论与实践进行总结，经过实践检验是好的，就必须长期坚持；可以进一步完善并上升为制度规定的，就以党内法规的形式固化下来，并结合新的情况继续深化。党的十八大和修订通过的党章以及党的十八届三中、四中、五中全会对新形势下严肃党内政治生活有关问题作出了明确规定，但比较原则，需要具体化。改革开放以来特别是近年来制定的一系列党内法规和规范性文件，不少涉及规范党内政治生活问题，但比较分散，需要系统化。所以，党中央决定制定《准则》，这是着眼于推进全面从严治党、坚持思想建党和制度治党相结合的一个重要安排。

当然，我们制定和颁布新《准则》，不是要替代 1980 年准则，而是要在坚持其主要原则和规定的基础上，针对新情况新问题作出新规定。新老准则相互联系、一脉相承，都是当前和今后一个时期党内政治生活必须遵循的。

新形势下，加强和规范党内政治生活，要求我们以改革创新精神推进党的建设，用时代发展的要求审视自己，把严肃党内政治生活落实到党的建设全过程、各方面，为实现“两个一百年”奋斗目标、实现中华民族伟大复兴的中国梦提供坚强保证。

### （三）解决党内存在突出矛盾和问题的需要

党的十八大以来，以习近平同志为核心的党中央创新发展马克思主义党建学说，坚定不移推进全面从严治党、依规治党，凝心聚力、直击积弊、扶正祛邪，党的建设开创新局面，党风政风呈现新气象。

但是，一些地方和部门党内政治生活依然存在一些问题。有的对党员干部教育管理失之于宽、失之于软，管党治党的“大熔炉”变成了没有温度的“冷灶台”。有的尽管有党内政治生活，但是炉温不够、火候不到，起不到应有的作用。比如，在一些党员、干部包括高级干部中，理想信念不坚定、对党不忠诚、纪律松弛、脱离群众、独断专行、弄虚作假、庸懒无为，个人主义、分散主义、自由主义、好人主义、宗派主义、山头主义、拜金主义不同程度存在，形式主义、官僚主义、享乐主义和奢靡之风问题突出，任人唯亲、跑官要官、买官卖官、拉票贿选现象屡禁不止，滥用权力、贪污受贿、腐化堕落、违法乱纪等现象滋生蔓延。特别是高级干部中极少数人政治野心膨胀、权欲熏心，搞阳奉阴违、结党营私、团团伙伙、拉帮结派、谋取权位等政治阴谋活动。总起来讲，党内政治生活不正常，造成政治生态恶化，这就为党内腐败分子搞一些非党的活动打开了大门。

这些问题，严重侵蚀党的思想道德基础，严重破坏党的团结和集中统一，严重损害党内政治生态和党的形象，严重影响党和人民事业发展。应该说，出现这些问题，就是没有坚持党内政治生活的科学性、政治性、原则性和战斗性的表现。

解决这些问题，就要求我们必须继续以改革创新精神加强党的建设，加强和规范党内政治生活，全面提高党的建设科学化水平。

## 三、加强和规范党内政治生活的基本方针

新形势下，加强和规范党内政治生活，必须以党章为根本遵循，坚持党的政治路线、思想路线、组织路线、群众路线，落实“四个着力”。

### （一）以党章为根本遵循

党章是党的总章程，集中体现了党的性质和宗旨，体现了党的理论和路线方针政策，是全党必须共同遵守的总规矩。

党的十八大以来，习近平总书记多次强调党员干部要严守政治纪律和政治规矩，自觉学习党章、遵守党章、贯彻党章、维护党章，切实增强对党章的敬畏感和践行力。凡是党章规定党员必须做到的，党

的干部要首先做到；凡是党章规定党员不能做的，党的干部要带头不做。

新形势下，加强和规范党内政治生活，要求广大党员干部对党章做到“四个真”：一要真信。真信，源于对党内根本大法的权威性。二要真学。对党章，要认真地而不是敷衍地学，实际地而不是空洞地学，做到善学善思、善作善成。三要真懂。一定要下真功夫，“钻进去”研读，“跳出来”思考，做到既知其然，又知其所以然。四要真用。牢固树立党章意识，把党章要求作为修身养性的标准，用党章精神指导自己的工作，把党章各项规定落实到实际行动上。

此外，各级党组织要加强对遵守党章、执行党章情况的督促检查，对党章意识不强、不按党章规定办事的要及时提醒，对严重违反党章规定的行为要坚决纠正。

### （二）坚持党的“四大路线”

路线是政党为实现其奋斗目标所遵循的根本途径，是政党认识世界和改造世界的根本准则。1980 年的准则规定，要坚持党的政治路线和思想路线。《准则》提出要坚持党的政治路线、思想路线、组织路线、群众路线。这个变化，反映了以习近平同志为核心的党中央对党内政治生活的深入思考和继承创新。

第一，坚持党的政治路线。党的政治路线是党的政治主张的集中体现，是党制定各项具体政策的根本依据，只有坚持这条路线，才能把中国特色社会主义伟大事业不断推向前进。

第二，坚持党的思想路线。思想路线是党在实践活动中的思想方法和思想原则。党的思想路线是一切从实际出发，理论联系实际，实事求是，在实践中检验真理和发展真理。只有坚持党的思想路线，我们才能实现不断推动马克思主义中国化、时代化、大众化。

第三，坚持党的组织路线。组织路线是党根据一定历史时期党的政治路线而规定的关于组织工作的总原则。毛泽东说，政治路线确定之后，干部就是决定因素。只有坚持正确的组织路线，才能保证正确的政治路线和思想路线的贯彻执行，没有组织上的统一，政治思想上的统一就无从巩固。

第四，坚持党的群众路线。群众路线是党的生命线。没有群众路线，再好的政治路线、思想路线、组织路线也难以实现。

这四大路线实际上是党的性质、宗旨、理论、奋斗目标等在政治上、思想上、组织上和工作上的具体展现，是不可分割、相互联系的。四大路线都是关系党的理论、旗帜、道路、方向的大是大非问题，是全党全国各族人民共同理想、共同行动的体现，是党团结统一的根本要求。

党员干部是执政兴国的主体力量，在贯彻落实党的政治路线、思想路线、组织路线、群众路线中处于重要位置，肩负着重大的政治责任，必须坚决维护、坚决捍卫、坚决贯彻党的路线，这是衡量党员干部党性的一条重要标准。

### （三）落实“四个着力”

《准则》强调，新形势下加强和规范党内政治生活，要着力增强党内政治生活的政治性、时代性、原则性、战斗性，着力增强党自我净化、自我完善、自我革新、自我提高能力，着力提高党的领导水平和执政水平、增强拒腐防变和抵御风险能力，着力维护党中央权威、保证党的团结统一、保持党的先进性和纯洁性。

第一，着力增强党内政治生活的政治性、时代性、原则性、战斗性。增强政治性，就是要始终站在党和人民的利益上看问题、做事情，用政治眼光、政治立场来分析解决问题，增强政治意识、大局意识、核心意识、看齐意识；增强时代性，就要求坚持用当代中国马克思主义武装全党，实现党内政治生活与时代发展合拍、满足时代需要、体现时代主题；增强原则性，就是要严格遵守党内政治生活的具体准则，把原则性贯穿于党内政治生活全过程和各方面；增强战斗性，就是要严明党的纪律，把批评和自我批评这个武器用好，在原则问题上旗帜鲜明，坚决同消极腐败现象作斗争。党内生活的政治性、时代性、原则性、战斗性是相辅相成、彼此联系的统一整体。增强党内政治生活的政治性、时代性、原则性、战斗性，要注重研究新时期党内政治生活的新特点和规律，提升对党内政治生活的思想认识；完善党内政治生活内容，有的放矢地开展党内政治生活；创新党内政治生活方式，提高针对性和实效性。

第二，着力增强党自我净化、自我完善、自我革新、自我提高能力。“自知者英，自胜者雄。”作为全面从严治党的基础性工程，严肃党内政治生活具有教育功能，是锻炼党性的熔炉；具有净化功能，是解决党内矛盾问题的钥匙；具有凝聚功能，是加强党的团结统一的法宝。加强和规范党内政治生活，从根本上讲，就是中国共产党通过自我净化、自我完善、自我革新、自我提高，自己解决自己内部存在的问题，祛病疗伤、激浊扬清，使内部思想更为纯洁、作风更为纯洁、队伍更为纯洁。一要增强自我净化能力。党员干部应当经常解剖自己的世界观、人生观、价值观，自觉清除思想上的灰尘杂质和心灵上的污垢，保持政治坚定、作风优良、纪律严明、勤政为民、清正廉洁。二要增强自我完善能力。党员干部要履行好义务、尽好职责，达到理论水平高、政治敏锐性强、作风建设优。三要增强自我革新能力。必须用先进的理论武装自己，进一步解放思想、更新观念，坚持用马克思主义特别是发展着的马克思主义最新成果的立场、观点和方法武装头脑、指导实践。四要增强自我提高能力。要始终保持政治上的清醒和坚定，在思想和行动上始终与中央保持高度一致，把全心全意为人民服务的宗旨贯彻到恪尽职守、秉公用权的行动中。

第三，着力提高党的领导水平和执政水平、增强拒腐防变和抵御风险能力。改革开放以来，我们党面临的国际国内条件、党内外条件都发生了很大变化。着力提高党的领导水平和执政水平、增强拒腐防变和抵御风险能力，这个着力，涉及党的执政安全的两个重要方面，是维护和巩固党的执政安全的根本举措。新形势下，加强和规范党内政治生活，要求我们增强紧迫感和责任感，牢牢把握党的建设总要求，坚定理想信念，保持同人民群众的血肉联系，保持党的肌体健康，不断提高党的领导水平和执政水平、提高拒腐防变和抵御风险能力，使我们党在坚持和发展中国特色社会主义的历史进程中始终成为坚强领导核心。

第四，着力维护党中央权威、保证党的团结统一、保持党的先进性和纯洁性。“人心齐、泰山移。”党的历史反复证明，什么时候全党团结统一，党的组织就巩固发展，革命和建设事业就不断取得胜利；反之，党和人民的利益就受到极大危害。今天，我们党所处的国内外环境空前复杂，全党全国各族人民紧密团结在以习近平同志为核心的党中央周围，就能在中华民族伟大复兴的中国梦的征程中形成磅礴力量。党的各级组织、全体党员特别是高级干部都要向党中央看齐，向党的理论和路线方针政策看齐，向党中央决策部署看齐，做到党中央提倡的坚决响应、党中央决定的坚决执行、党中央禁止的坚决不做，自觉把保持党的先进性和纯洁性、提高党的创造力凝聚力战斗力作为我们党自身建设的根本任务。

## 四、加强和规范党内政治生活的目标要求

新形势下，加强和规范党内政治生活是一项系统工程，其目标要求也是多元的。我们要通过加强和规范党内政治生活，让全体党员都行动起来，让党的各级领导机关和领导干部，特别是高级干部以上率下，发挥示范作用；让党内政治生活形成又有集中又有民主、又有纪律又有自由、又有统一意志又有个人心情舒畅生动活泼的“六有”局面；让党内政治生态彻底得到净化，实现风清气正。

## （一）党的领导干部：发挥示范作用

新形势下加强和规范党内政治生活，目的之一就是要让全体党员都行动起来，使各级党组织和全体党员干部都按照党内政治生活准则和党的各项规定办事，重点是各级领导机关和领导干部，关键是高级干部特别是中央委员会、中央政治局、中央政治局常务委员会的组成人员。

党的领导机关和领导干部肩负着制定和执行党的路线方针政策、领导和推动各项工作的神圣职责，其一言一行、一举一动，对下级党组织和党员、干部具有重要的示范导向作用。领导机关和领导干部带头躬身践行、模范执行党内政治生活准则，就会成为无声的命令、强大的感召，就能让下级党组织看到榜样，让党员、干部看到希望，让人民群众看到信心；反之，则会带来难以估量的负面影响。

如何让“关键少数”在严肃党内政治生活方面以上率下？要从中央政治局常委会、中央政治局、中央委员会做起，从各地区各部门党委（党组）做起，从高级干部做起，从具体事情做起，无论什么职级、什么岗位上的党员领导干部，都要严格执行党内的规矩和纪律。在严肃党内政治生活这个问题上，没有人可以例外。党的干部要求别人做到的自己首先做到，要求别人不做的自己首先不做。必须解决好“带头坚定理想信念、带头严守政治纪律和政治规矩、带头树立和落实新发展理念、带头攻坚克难敢于担当、带头落实全面从严治党责任”等方面的问题，确保干在实处、走在前列。各级党委（党组）既要全面贯彻中央部署，又要从实际出发，突出本地区本部门本单位特色。各级党组织书记要担负起第一责任人的职责，要管好干部、带好班子，也要管好党员、带好队伍，不折不扣从具体工作抓起。如此才能层层示范、层层带动，形成上行下效、整体联动的生动局面。

火车跑得快，全靠车头带。一把手是整个领导班子的核心，是一个领导班子的一面旗帜，对于班子发展产生着重要影响。一个地方、单位有个好的一把手，就能带出一个好班子，带出一支好队伍，带出良好作风。因此，一把手是严肃党内政治生活的关键。任何一级组织、部门和单位，一把手肩负管党治党的主体责任，严肃党内政治生活，一把手要开好局、做好榜样，即一把手要成为善于自我批评和搞好党内团结的榜样，成为善于听取各方意见、充分调动各方积极性的榜样，成为统揽全局、协调各方的榜样，成为带班子、强队伍的榜样，最终成为严格执行党内政治生活准则的榜样。

### （二）党内政治生活：形成“六有”局面

新形势下，加强和规范党内政治生活，要努力在全党形成又有集中又有民主，又有纪律又有自由，又有统一意志又有个人心情舒畅，生动活泼的政治局面。

正常的党内政治生活对党员具有教育、改造、管理和监督作用，对党的组织具有凝聚作用，对领导班子具有民主决策功能和权威维系功能，对全党具有统一意志、统一步调的作用。也就是说，党内政治生活是党组织教育管理党员和党员进行党性锻炼的主要平台。而非正常的党内政治生活，则会使党的组织涣散、纪律松弛，使领导班子失去正确决策的能力和威信，使整个党失去凝聚力、创造力和战斗力，失去群众信任。

“六有”政治局面目标，最早是1957年毛泽东提出的。他强调：“我们的目标，是想造成一个又有集中又有民主，又有纪律又有自由，又有统一意志，又有个人心情舒畅，生动活泼，那样一种政治局面，以利于社会主义革命和社会主义建设。”之后，这一表述被写进党章。这样的政治局面永远是我们加强和规范党内政治生活追求的目标。

当前，有极少数党员干部淡化了组织观念，不模范遵守党的纪律，出了问题竟然归咎于“我这个人个性太强”。一个党员干部在实践中积累了丰富的经验，有了较高的威信，并形成了自己一定的个性，这是组织和个人的财富。但党员的个性一旦过度扩大，就会走向反面，必然是骄傲自满，从而导致脱离实际、脱离群众、背弃真理。

加强和规范党内政治生活，说到底，还要在严格上下功夫。党要管党丝毫不能松懈，从严治党一刻不能放松。只有严格按照党章、党的纪律和规矩等党内法规制度办事，对那些不履行党员义务，丧失先进性的党员予以认真严肃的处置，才能始终保持党组织的先进性和纯洁性。只有持续不断地实行从严治党，才能形成生动活泼的“六有”政治局面，从而提高党的创造力凝聚力战斗力。

## 五、党内政治生态：实现风清气正

人们都生活在自然的生态里，大气污染、水污染、土壤污染都会给人的生命造成威胁。如果河里有一两条鱼死了，这是鱼的问题；如果有一片鱼、一群鱼死了，可能就是河受到污染，水生态出问题了。

一个党也有政治生态，政治生态是指一定政治系统内部各要素之间以及政治系统与其他社会系统之间相互作用、相互影响、相互制约所形成的生态联动，是一个地方或一个领域政治生活现状以及政治发展环境的集中反映，是党风、政风、社会风气的综合体现，决定着党员干部的价值追求和从政取向。自然生态要山清水秀，政治生态也要山清水秀。政治生态和自然生态一样，稍不注意，就很容易受到污染，一旦出现问题，再想恢复就要付出很大代价。

近年来，有的地方出现了群体性腐败、家族性腐败、塌方式腐败，说明这个地方政治生态有问题，形成了形形色色的潜规则、大大小小的关系网，这严重损害了党员干部队伍的正能量。

一些堕落被查处的官员把问题归结为恶劣的政治生态，他们认为正是这种环境才让自己防不胜防，虽然这是借口，但也折射出了一定的问题。党内政治生活必须真正严肃起来，决不能随意化、平淡化，不能娱乐化、庸俗化，不能让党内政治生活变了味、走了调。

“满眼生机转化钧，天工人巧日争新。”新形势下，加强和规范党内政治生活，就是要让身在其中的人清清爽爽、干净干事，不用被迫呼吸“政治雾霾”；就是要让置身其外的人，闻之向往、见贤思齐，并享受其从中溢出的“生态福利”。关键是要推动党的组织生活制度化、经常化、规范化，为净化政治生态营造好的“气候”环境，最终彻底净化党内政治生态，实现风清气正。

# 专题二　贯彻《准则》，加强和规范党内政治生活（上）

新形势下贯彻《准则》，加强和规范党内政治生活，要求广大党员干部坚定理想信念、坚持党的基本路线、坚决维护党中央权威、严明党的政治纪律。

## 一、坚定理想信念

理论上清醒，政治上才能坚定。共产主义远大理想和中国特色社会主义共同理想，是中国共产党人的精神支柱和政治灵魂，也是保持党的团结统一的思想基础。新形势下，加强和规范党内政治生活，必须高度重视思想政治建设，把坚定理想信念作为开展党内政治生活的首要任务。

### （一）坚定马克思主义信仰、社会主义和共产主义信念

习近平总书记强调，坚定理想信念，坚守共产党人精神追求，始终是共产党人安身立命的根本。对马克思主义的信仰，对社会主义和共产主义的信念，是共产党人的政治灵魂，是共产党人经受住任何考验的精神支柱。

应该充分肯定，当前我们大多数党员干部理想信念是坚定的，政治上是可靠的。但在党员干部队伍中，信仰缺失是一个需要引起高度重视的问题。有的对共产主义心存怀疑，认为那是虚无缥缈、难以企及的幻想；有的不信马列信鬼神，遇事“问计于神”；有的甚

至向往西方的社会制度和价值观念，对社会主义前途命运丧失信心，等等。

形象地说，理想信念就是共产党人精神上的“钙”，没有理想信念，理想信念不坚定，精神上就会“缺钙”，就会得“软骨病”。事实一再表明，理想信念动摇是最危险的动摇，理想信念滑坡是最危险的滑坡。一些党员干部出这样那样的问题，说到底是信仰迷茫、精神迷失。

新形势下，加强和规范党内政治生活，首先就要坚定党员干部的理想信念，引导党员特别是党员干部筑牢信仰之基、补足精神之钙、把稳思想之舵。

把对马克思主义的信仰、对社会主义和共产主义的信念作为毕生追求，落实到思想建设上，关键要固本培元，以坚定“四个自信”为主线，用团结统一的共同思想基础凝心聚魂。习近平总书记指出，全党要坚定道路自信、理论自信、制度自信、文化自信。理想信念不能丢，丢了就丢了魂；立场方向不能变，变了就变了质。只有全党同志真正坚定并践行“四个自信”，才能最广泛地凝聚党心民心，为伟大斗争、伟大工程、伟大事业奠定坚实的思想基础。

对马克思主义的信仰、对社会主义和共产主义的信念作为毕生追求，还要落实到行动上。没有远大理想，不是合格的共产党员；离开现实工作而空谈远大理想，也不是合格的共产党员。今天，衡量一名共产党员、一名党员干部是否具有共产主义远大理想，是有客观标准的，那就要看他能否坚持全心全意为人民服务的根本宗旨，能否吃苦在前、享受在后，能否勤奋工作、廉洁奉公，能否为理想而奋不顾身去拼搏、去奋斗、去献出自己的全部精力乃至生命。

### （二）永远保持建党时的奋斗精神

古人云：“求木之长者，必固其根；欲流之远者，必浚其泉源。”新形势下，加强和规范党内政治生活，要求全体党员必须永远保持建党时中国共产党人的奋斗精神。

建党初期，共产党人信念坚定、艰苦奋斗、不怕牺牲，身体力行地传播信念的火种、红色的基因，留下了弥足珍贵的精神财富。新形势下继续保持建党时的奋斗精神，是全党同志不忘初心、继续前进的时代课题。

建党时的奋斗精神，集中体现在共产党人的理想信念上。在建党初期，检验一个共产党员的理想信念是否坚定、是不是合格党员，主要看他能不能为党和人民事业舍生忘死，是否敢于自我牺牲，能否冲锋号一响立即冲上去。

在新的历史条件下，看一个党员、一个干部是否能保持建党时的奋斗精神，主要看他是否能在重大政治考验面前有政治定力，是否能树立牢固的宗旨意识，是否能对工作极端负责，是否能做到吃苦在前、享受在后，是否能在急难险重任务面前勇挑重担，是否能经得起权力、金钱、美色的诱惑。

最可贵的坚持，不是历经磨难，而是保持初心。因此，保持建党时的奋斗精神，要求广大党员干部要坚定马克思主义、共产主义信仰，充分认清保持奋斗精神的重要性；把理想信念的坚定性体现在做好本职工作的过程中，脚踏实地为实现党在现阶段的基本纲领而不懈努力，扎扎实实做好每一项工作；在胜利时和顺境中不骄傲不自满，在困难时和逆境中不消沉不动摇，经受住各种赞誉和诱惑考验，经受住各种风险和挑战考验，永葆共产党人政治本色和精神状态。

### （三）加强学习，注重科学理论武装

崇高信仰、坚定信念不会自发产生，必须加强理论学习。习近平总书记指出："要炼就'金刚不坏之身'，必须用科学理论武装头脑，不断培植我们的精神家园。"

第一，把系统掌握马克思主义基本理论作为看家本领。党的各级组织必须坚持不懈抓好理论武装，广大党员干部要把马克思主义理论

作为必修课，认真学习马克思列宁主义、毛泽东思想、邓小平理论、“三个代表”重要思想、科学发展观，不断提高马克思主义思想觉悟和理论水平。

第二，深入学习习近平总书记系列重要讲话精神。党的十八大以来，习近平总书记的系列重要讲话，立足中国实际、针对中国难题，分析时代特征、把握时代脉搏，顺应时代要求、指明发展大势，是我们党带领人民把握机遇、迎接挑战，全面建成小康社会和进行中国特色社会主义建设的行动指南。广大党员干部要自觉深入学习讲话，坚持读原著、学原文、悟原理，领会讲话贯穿的科学世界观和方法论，做到真学、真懂、真信、真用，不断提高运用科学理论解决实际问题的能力。

第三，把理想信念建立在对科学理论的理性认同上，学会用马克思主义立场、观点、方法观察问题、分析问题、解决问题，特别是要聚焦现实问题，不断深化对共产党执政规律、社会主义建设规律、人类社会发展规律的认识，不断筑牢理想信念，做到虔诚而执着、至信而深厚，让理想信念的明灯永远在心中闪亮。

第四，广泛学习经济、政治、历史、文化、社会、科技、军事、外交等方面的知识，要结合工作需要来学习，不断提高自己的知识、专业化水平。要着眼于提高战略思维、创新思维、辩证思维、法治思维、底线思维能力，提高工作专业化水平。

当然，学习的目的全在于运用。党员干部加强学习，根本目的是增强工作本领、提高解决实际问题的水平。要发扬理论联系实际的马克思主义学风，带着问题学，拜人民为师，做到干中学、学中干，学以致用、用以促学、学用相长。

### （四）坚持和创新党内学习制度

我们党依靠学习走到今天，也必然依靠学习走向未来。新形势下，加强和规范党内政治生活，我们应该坚持把党的学习优势与党的组织优势、政治优势结合起来，不断创新党内学习制度。

坚持和创新党内学习制度是保证学习方向不偏、不走过场的根本措施，是促进党员干部深入学习的动力基础，是检验和不断提高学习成效的有力手段。

第一，以党委（党组）中心组学习等制度为主要抓手，各级党组织要定期开展集体学习。要抓好领导干部这个“关键少数”，加强和改进党委（党组）中心组学习，推动全党全社会大兴学习之风。要适应事业发展的新要求，把握好学习的主题和重点，强化学习责任，注重学习质量，以学习提升思想作风、能力素养和工作本领。

第二，坚持定期开展党内集中学习教育。党员、干部每年要完成规定的学习任务，领导干部要定期参加党校学习。要注重强化互联网思想理论引导，把深层次思想理论问题讲清楚，帮助党员、干部站稳政治立场，分清是非界线，坚决抵制错误思想侵蚀。

第三，各级党组织要加强督促检查，把学习情况作为领导班子和领导干部考核的重要内容。要建立学习考勤、学习督导、学习考评等各项制度，有效解决党组织及党员干部的学习动力、学习目标、学习方法等问题，形成组织重视学习、个人勤于学习的考核激励机制，促使广大党员干部静下心来深入学习，把自己摆进去学习。

第四，建立学习成果转化制度，把学习落脚在解决实际问题上。抓学习不是简单的做书面文章，而是要弘扬理论联系实际的学风，强化问题导向，同研究解决改革发展稳定的突出问题、党的建设面临的紧迫问题结合起来。要探索建立学习成果转化制度，把学习成果转化为落实新发展理念、推动经济社会持续健康发展的生动实践，转化为从严管党治党、严肃党内政治生活的实际成效。

总之，通过制度建设，督促大家把学习作为一种追求、一种爱好、一种健康的生活方式，必定会积少成多、聚沙成塔，积跬步以至千里。

## 二、坚持党的基本路线

党在社会主义初级阶段的基本路线是："领导和团结全国各族人民，以经济建设为中心，坚持四项基本原则，坚持改革开放，自力更生，艰苦创业，为把我国建设成为富强民主文明和谐的社会主义现代化国家而奋斗。"党在社会主义初级阶段的基本路线是党和国家的生命线、人民的幸福线，也是党内政治生活正常开展的根本保证。

### （一）坚持以经济建设为中心

以经济建设为中心是兴国之要，是我们党、我们国家兴旺发达和长治久安的根本要求。只有坚持以经济建设为中心，不断增强综合国力，才能抓好发展这个党执政兴国的第一要务，才能更好地解决前进中的矛盾和问题，实现全面建成小康社会的宏伟目标。

我国仍处于并将长期处于社会主义初级阶段，这是我国最基本的国情，也是我国"最大的实际"，中国的一切事情都要从这个实际出发。社会主义初级阶段的基本矛盾，始终是人民日益增长的物质文化需要同落后的社会生产之间的矛盾。在这个阶段，党领导人民建设社会主义的主要任务，就是以经济建设为中心，不断解放和发展生产力，满足人民群众日益增长的物质文化需求。只有坚持经济建设为中心，不断增强综合国力，才能为经济、社会和人的协调发展打下坚实的物质基础；才能为解决前进道路上的矛盾和问题提供必要的前提。因此，以经济建设为中心，对于我们这样一个发展中大国加快实现现代化的步伐来说具有重要的战略意义。

新形势下，加强和规范党内政治生活，要求全党必须毫不动摇坚持以经济建设为中心，聚精会神抓好发展这个党执政兴国的第一要务，坚持以人民为中心的发展思想，统筹推进"五位一体"总体布局和协调推进"四个全面"战略布局，坚持创新、协调、绿色、开放、共享的发展理念，努力提高发展质量和效益，不断提高人民生活水平，为实现“两个一百年”奋斗目标、实现中华民族伟大复兴的中国梦打下坚实物质基础。

**（二）坚持四项基本原则**

四项基本原则是我们的立国之本，是我国人民在长期革命斗争中作出的历史性选择，是全党和全国各族人民团结的共同的政治基础，是改革开放和现代化建设健康发展的根本保证。

实践证明，只有坚持四项基本原则，才能巩固和发展安定团结的政治局面，保证我们的事业始终沿着社会主义方向顺利前进。如果动摇了这四项基本原则中的任何一项，那就动摇了整个社会主义事业，动摇了整个现代化建设事业。

同时，四项基本原则又从改革开放和现代化建设中获得新的时代内容。我们坚持社会主义道路，是坚持走具有中国特色的社会主义道路；坚持人民民主专政，以广泛的人民民主为基础，又为人民民主的充分发展提供有效的形式；坚持中国共产党的领导，同时不断提高党的领导水平和执政水平；坚持马克思列宁主义、毛泽东思想，重在坚持把马克思主义的基本原理同当代中国的实际结合起来，高举中国特色社会主义伟大旗帜。总之，要坚持四项基本原则，同时要随着改革开放和现代化建设的发展不断丰富和发展这四项基本原则。

新形势下，加强和规范党内政治生活，要求全党必须毫不动摇坚持四项基本原则，根本是坚持党的领导，坚持中国特色社会主义道路、中国特色社会主义理论体系、中国特色社会主义制度、中国特色社会主义文化，做到头脑清醒、立场坚定，矢志不渝坚持和发展中国特色社会主义。

**（三）坚持改革开放**

改革开放是解放和发展生产力的必由之路。我们实行的改革是全面改革，是在坚持社会主义基本制度的前提下，自觉调整生产关系和上层建筑的各个方面和环节，来适应社会主义初级阶段生产力发展水平和实现现代化的要求。这是社会主义制度的自我发展和完善。改革的目标，是从根本上改变束缚我国生产力发展的经济体制，建立充满生机和活力的社会主义市场经济体制；同时相应地改革政治体制和其他方面的体制，使社会主义制度的优越性在政治、经济等各个领域都充分显示出来。开放包括对外对内的全面开放，以形成多层次、多渠道、全方位开放的格局。社会主义作为一种崭新的社会制度，必须继承和发展人类社会创造的一切文明成果。

改革开放是前无古人的崭新的伟大事业，没有固定、现成的模式可以遵循，应当大胆探索、勇于开拓，在实践中不断地开创新路，使我们的社会主义建设始终充满生机和活力。

新形势下，加强和规范党内政治生活，要求全党必须毫不动摇坚持改革开放，发挥群众首创精神，勇于自我革命，勇于推进理论创新、实践创新、制度创新、文化创新以及其他各方面创新，坚定不移实施对外开放基本国策，推动中国特色社会主义制度自我完善和发展，推进国家治理体系和治理能力现代化，既不走封闭僵化的老路，也不走改旗易帜的邪路。

### （四）把党的思想路线贯穿于执行党的基本路线全过程

新形势下，加强和规范党内政治生活，要求全党必须把坚持党的思想路线贯穿于执行党的基本路线全过程。

第一，坚持实事求是。坚持实事求是，就是坚持一切从实际出发来研究和解决问题，坚持理论联系实际来制定和形成指导实践发展的正确路线方针政策，坚持在实践中检验真理和发展真理。坚持实事求是，就必须坚持一切从实际出发，最基础的工作在于搞清楚“实事”，就是了解实际、掌握实情。坚持实事求是，关键在于“求是”，就是探求和掌握事物发展的规律。坚持实事求是，必须始终坚持一切为了群众、一切依靠群众，从群众中来、到群众中去的群众路线。

第二，坚持理论联系实际。理论联系实际是指把马克思主义基本原理同中国革命和建设的实践相结合，一切从实际出发，实事求是的作风，其实质是正确处理马克思主义基本原理同中国具体实践的关系问题。理论联系实际的基本精神是达到主观和客观、理论和实践、知和行的具体的历史的统一。理论是从实践中产生的，理论是否正确要接受实践检验并要在实践中得到丰富和发展；同时，理论只有与实际紧密联系，才能发挥对实践的指导作用，实现自身的价值和意义。

第三，反对教条主义，不断推进马克思主义中国化。把党的思想路线贯穿于执行党的基本路线全过程，必须坚决反对教条主义。教条主义的一个基本特征，是主观与客观相分离、认识与实践相脱离。只有解放思想，面向现实，大胆创新，自觉地把思想认识从那些不合时宜的观念、做法和体制中解放出来，从对马克思主义的错误和教条式的理解中解放出来，从主观主义和形而上学的桎梏中解放出来，认真研究和解决改革开放和现代化建设实践中出现的新矛盾和新问题，不断进行理论创新、制度创新和文化创新，才能使国家和党的事业不停顿，才能使马克思主义保持生机和活力。把党的思想路线贯穿于执行党的基本路线全过程，还要用实践推动马克思主义的发展。我们今天所处的时代、面临的环境和肩负的任务，早已不同于马克思、恩格斯、列宁的那个时代，也不同于毛泽东的那个年代，就是和邓小平在世时相比，情况也发生了很大的变化。根据国情的发展和变化，坚持用马克思主义的立场观点和方法观察当今世界、观察当今中国，不断总结实践经验，不断作出新的理论概括，不断开拓前进，就一定能进一步推进马克思主义的中国化，在实践中丰富和发展马克思主义。

第四，坚决捍卫党的基本路线。党的基本路线关系到我们事业的全局和根本，关系到党和国家的前途与命运，是制定其他一切具体工作路线、方针、政策的基本依据。全党必须坚决捍卫党的基本路线，对否定党的领导、否定我国社会主义制度、否定改革开放的言行，对歪曲、丑化、否定中国特色社会主义的言行，对歪曲、丑化、否定党的历史、中华人民共和国历史、人民军队历史的言行，对歪曲、丑化、否定党的领袖和英雄模范的言行，对一切违背、歪曲、否定党的基本路线的言行，必须旗帜鲜明地反对和抵制。

此外，考察识别干部特别是高级干部必须首先看是否坚定不移地贯彻党的基本路线。党员、干部特别是高级干部在大是大非面前不能态度暧昧，不能动摇基本政治立场，不能被错误言论所左右。当人民利益受到损害、党和国家形象受到破坏、党的执政地位受到威胁时，要挺身而出、亮明态度，主动坚决开展斗争。对在大是大非问题上没有立场、没有态度、无动于衷、置身事外，在错误言行面前不抵制、不斗争，明哲保身、当老好人等政治不合格的坚决不用，已在领导岗位的要坚决调整，情节严重的要严肃处理。

## 三、坚决维护党中央权威

《准则》强调，坚决维护党中央权威、保证全党令行禁止，是党和国家前途命运所系，是全国各族人民根本利益所在，也是加强和规范党内政治生活的重要目的。

### （一）维护习近平总书记的核心地位

核心是事物最主要且赖以生存和发展的那一部分。坚持党的领导，首先是坚持党中央的集中统一领导。一个国家、一个政党，领导核心至关重要。形成和维护党的核心，是党的利益所在，全国人民的利益所在。

习近平总书记为党中央的核心、全党的核心，是在伟大斗争中形成的。党的十八届六中全会正式提出“以习近平同志为核心的党中央”。现在，党的领导核心已经形成，最重要的就是维护核心，紧密地团结在以习近平同志为核心的党中央周围。

我们全党同志特别是党的领导干部，都要有高度的政治自觉和行动自觉，忠诚于党，忠诚于党的事业，讲纪律、守规矩，在维护党中央权威、维护党中央和全党的核心上始终保持清醒头脑、做到坚定不移。要认真执行党章的规定，坚持个人服从组织、少数服从多数、下级组织服从上级组织、全党服从党的全国代表大会和中央委员会的原则。“四个服从”，最重要的就是全党服从中央。

当然，维护党中央权威和维护习近平总书记的核心地位是统一的。维护习近平总书记的核心地位，就是维护党中央权威；维护党中央权威，首先要维护习近平总书记的核心地位。此外，维护中央的权威，在思想上行动上与中央保持一致，并不是照抄照搬，而要因地制宜、因时制宜，创造性地工作，把维护中央的权威与发挥主观能动性、创造性结合起来。

### （二）牢固树立政治意识、大局意识、核心意识、看齐意识

全党必须牢固树立政治意识、大局意识、核心意识、看齐意识，自觉在思想上政治上行动上同党中央保持高度一致。

第一，牢固树立政治意识。党的政治纪律、政治规矩解决的是党的团结统一、力量、权威问题。要把对党忠诚作为共产党员必须坚守的生命线和立身之本，把严守党的政治纪律政治规矩作为党员干部第一准则、第一要求、第一遵循。作为党员干部，应当自觉遵守政治纪律和政治规矩，做到坚守政治信仰、站稳政治立场、把准政治方向。

第二，牢固树立大局意识。“不谋全局者不足谋一域”。大局是指事物的整体或事物发展变化的基本规律。强化大局意识是做好一切工作的前提和基础。增强大局意识，不仅要认识大局、把握大局，还要服从和服务大局，做到只要对大局有利，局部受损的事也要做；只要对大局不利，即使局部得利的事也不做。

第三，牢固树立核心意识。要坚决维护党中央的权威和习近平总书记的核心地位，用铁的纪律从严惩治破坏党的政治纪律和政治规矩、

破坏党的集中统一、挑战党中央权威的行为，坚决防止“七个有之”，切实做到“五个必须”。

第四，牢固树立看齐意识。增强看齐意识，最根本的是在思想上政治上行动上同以习近平同志为核心的党中央保持高度一致。要坚持不懈地用党的理论创新成果武装头脑，深刻领会党的十八大以来党中央治国理政新理念新思想新战略，掌握贯穿其中的马克思主义立场观点方法。看齐既要见思想，更要见行动，不折不扣地落实党中央部署，以“三严三实”要求履行好党和人民赋予的职责使命。

总之，要把“四个意识”转化为在党爱党、在党言党、在党忧党、在党为党的实际行动，坚持围绕核心发力、向党中央看齐，坚持从政治上考量、在大局下行动，做到党中央提倡的坚决响应、党中央决定的坚决执行、党中央禁止的坚决不做。

### （三）全党都要坚持“四个服从”原则

坚决维护中央权威，必须坚持党员个人服从党的组织、少数服从多数、下级组织服从上级组织、全党各个组织和全体党员服从党的全国代表大会和中央委员会，核心是全党各个组织和全体党员服从党的全国代表大会和中央委员会。

第一，党员个人服从党的组织。只有个人服从组织，党才能形成统一的整体。如果党员可以随心所欲地对待党组织的决议、决定，不遵守党的纪律，那么，党也就丧失了战斗力。党允许党员保留个人意见，并且可以把自己的意见向党的上级组织直至中央提出。这样既可以保持党在行动上的统一，又可以防止压制党员的正确意见。

第二，少数服从多数。在党的组织讨论决定问题时，由于个人了解的情况不同，考虑问题的角度不一样，大家的意见可能不完全一致，这是正常现象。在这种情况下，要按照少数服从多数的原则，及时作出决定，统一大家的思想和行动。即使有时少数人的意见是正确的，也应在执行多数人的意见的前提下按照党的组织原则和正常的程序进行解释，使多数人认识和接受正确的意见，这才能既保留不同意见，又保持党的组织统一和行动一致。如对重要问题发生争论，双方人数接近，除了在紧急情况下必须按多数意见执行外，应当暂缓作出决定，进一步调查研究，交换意见，下次再表决；在特殊情况下，也可将争论的情况向上级组织报告，请求裁决。

第三，下级组织服从上级组织。下级组织与上级组织是被领导与领导的关系。党的下级组织对于上级组织的指示、决定，必须坚决地贯彻执行，做到令行禁止。因为下级组织和上级组织的意见虽然都是党员意见的集中和反映，但上级组织所集中和反映党员意见的范围比下级组织要大，而且上级组织通常了解情况较多，分析问题更全面，处理和决定问题也比下级组织有更大的准确性。如果上级的指示和决议不适合当地的情况，可以向上级提出意见，但必须在上级组织同意后才能加以调整或改变。如果遇到紧急情况，下级组织来不及请示上级组织而又必须马上作出决定，可以边行动边报告，或事后报告请求批准。

第四，全党各个组织和全体党员服从党的全国代表大会和中央委员会。我们党是由中央到地方的各级党组织按照一定的原则组织起来的整体。党的最高领导机关是党的全国代表大会和由它产生的党的中央委员会。党的中央委员会在全国代表大会闭会期间，执行全国代表大会的决议。党中央是全党利益和意志的集中代表者，又是率领全党行动的最高权威。有关全国性的重大方针政策问题，只有党中央有权作出决定，各部门、各地方的党组织可以向中央提出建议，而无权作出决定或向外发表与中央不一致的主张。

此外，坚决维护中央权威，还要求我们自觉防止和反对个人主义、分散主义、自由主义、本位主义。对党中央决策部署，任何党组织和任何党员都不准合意的执行、不合意的不执行，不准先斩后奏，更不准口是心非、阳奉阴违。属于部门和地方职权范围内的工作部署，要以贯彻党中央决策部署为前提，发挥积极性、主动性、创造性，但决不允许自行其是、各自为政，决不允许有令不行、有禁不止，决不允许搞上有政策、下有对策。

## 四、严明党的政治纪律

《准则》强调，纪律严明是全党统一意志、统一行动、步调一致前进的重要保障，是党内政治生活的重要内容。必须严明党的纪律，把纪律挺在前面，用铁的纪律从严治党。

### （一）政治纪律是党最根本、最重要的纪律

政治纪律是党最根本、最重要的纪律，遵守党的政治纪律是遵守党的全部纪律的基础。

第一，从历史上看，严明党的政治纪律，是我们党从小到大、由弱到强，从挫折中奋起、在战胜困难中不断成熟的根本保证。

第二，从性质上看，政治纪律是维护党的政治方向和政治原则的纪律，是管总的。党的政治纪律，是党的组织和党员在政治言论、政治行动方面同党的路线方针政策保持高度一致的规范，是维护党的性质、宗旨以及指导思想的原则和规定。

第三，从作用上看，只有政治纪律严明，才能使全党成为一个有机的整体，形成强大的凝聚力和战斗力，推动党的事业蓬勃发展。我们党是按照民主集中制原则组织起来的马克思主义政党，具有自己的政治路线、政治纲领和奋斗目标，各级党组织和党员不能各行其是。从大的方面讲，违反政治纪律和政治规矩会损害党的形象、削弱党的力量、恶化政治生态、危害执政根基，给党和人民的事业造成重大损害。从小的方面讲，很多党员干部出现问题，都是从违反政治纪律和政治规矩开始的。历史和现实的双重教训告诉我们，违反政治纪律的行为对党的危害极大。

因此，党的政治纪律和政治规矩是不断增强党的凝聚力、战斗力

的重要武器，是党的事业取得胜利的最可靠保障。当前，我们比以往任何时候都更接近中华民族伟大复兴的目标，只有把中国共产党人的使命感、责任感和担当精神凝练为更为严明的政治纪律和政治规矩，防止党组织和党员干部在政治方向、政治立场、政治言论和政治行动方面出现偏差，才能具有“打铁”的硬本领，带领人民取得攻坚克难的胜利。

### （二）不准在党内搞小山头、小圈子、小团伙

在党内搞小山头、小圈子、小团伙是党内政治生活的腐蚀剂。一些党员干部走上堕落之路，就是从在党内搞小山头、小圈子、小团伙开始的。我国坚持中国共产党的长期执政，保证党的完整和统一是巩固党的执政地位的必由之路。一个分裂的、向心力和凝聚力低下的党是不可能经受住执政过程中出现的复杂考验的。在党内搞团团伙伙、结党营私、拉帮结派、培植私人势力或者通过搞利益交换、为自己营造声势等活动捞取政治资本的行为很容易使党陷入分裂，各团伙、帮派之间各自为政，将谋取本团伙、帮派的私利置于党的整体利益之上。

党内不能存在形形色色的政治利益集团，也不能存在党内同党外相互勾结、权钱交易的政治利益集团。党中央坚定不移反对腐败，就是要防范和清除这种非法利益关系对党内政治生活的影响，恢复党的良好政治生态。

新形势下，反对在党内搞小山头、小圈子、小团伙，要坚持不懈强化宗旨意识，解决好党员、干部是人民公仆的角色定位问题，党员、干部只有为人民服务的责任和义务，必须严格要求自己，各级党组织要加强教育引导、加强监督检查、加强纪律约束。

要坚决反对党内“圈子文化”。党员干部有自己的圈子不可怕，可怕的是圈子文化，这是造就腐败的根源之一。对于圈子文化，习近平总书记曾痛批：“有的干部信奉拉帮结派的‘圈子文化’，整天琢磨拉关系、找门路，分析某某是谁的人，某某是谁提拔的，该同谁搞搞关

系、套套近乎，看看能抱上谁的大腿。”党内拉帮结派的“圈子文化”具有依附性、投机性、帮派性、贪婪性的特点，是一种具有浓厚封建主义色彩的腐朽文化，因此要坚决遏制这种不正之风蔓延。

《中国共产党纪律处分条例》规定，对于在党内搞团团伙伙、结党营私、拉帮结派、培植私人势力或者通过搞利益交换、为自己营造声势等活动捞取政治资本的，给予严重警告或者撤销党内职务处分；情节严重的，给予留党察看或者开除党籍处分。

### （三）必须对党忠诚老实

我们的干部是党教育培养起来的干部，对党忠诚应当是基本的政治要求。党章明确规定，对党忠诚老实是党员必须履行的义务。如果背离了入党时立下的誓言，党员就不成其为党员，党的干部也不成其为干部。对党忠诚，就是心中有党，保持了忠诚，关键时刻才能靠得住。

对党忠诚应当是基本的政治要求。其一，对党忠诚，首先要忠诚于党的信仰。要把坚定理想信念作为安身立命的主心骨，作为修身立业的压舱石，不断地为精神补钙。其二，对党忠诚，还要忠诚于党的宗旨、忠诚于人民。我们党的根本宗旨是全心全意为人民服务，共产党人最大的爱就是爱人民，最大的追求就是实现人民幸福。要把人民放在心中最高位置，牢记自己是人民的公仆而不是主人，是人民的勤务员而不是“父母官”。其三，对党忠诚，还要忠诚于党的组织。每一名党员干部都要牢记自己的第一身份是共产党员、第一职责是为党工作。能否做到这一点，是对党员干部党性的重要考验，是对党忠诚度的重要检验。

党的各级组织和全体党员必须对党忠诚老实、光明磊落，说老实话、办老实事、做老实人，如实向党反映和报告情况，反对搞两面派、做“两面人”，反对弄虚作假、虚报浮夸，反对隐瞒实情、报喜不报忧。领导机关和领导干部不准以任何理由和名义纵容、唆使、暗示或强迫下级说假话。凡因弄虚作假、隐瞒实情给党和人民事业造成重大损失的，凡因弄虚作假、隐瞒实情骗取荣誉、地位、奖励或其他利益的，凡因纵容、唆使、暗示或强迫下级弄虚作假、隐瞒实情的，都要依纪依规严肃问责追责。对坚持原则、敢于说真话的同志，要给予支持、保护、鼓励。

党的各级组织必须担负起执行和维护政治纪律和政治规矩的责任，对违反政治纪律的行为要坚决批评制止，不能听之任之。党的各级组织和纪律检查机关要加强纪律执行情况的监督和检查，坚决防止和纠正执行纪律宽松软的问题。

# 专题三　贯彻《准则》，加强和规范党内政治生活（中）

新形势下贯彻《准则》，加强和规范党内政治生活，要求广大党员干部保持党同人民群众的血肉联系、坚持民主集中制原则、发扬党内民主和保障党员权利、坚持正确选人用人导向。

## 一、保持党同人民群众的血肉联系

密切联系群众是开展党内政治生活的基本立场。中国共产党根据马克思主义的群众观点，在长期的革命建设的实践和斗争中创造了"一切为了群众、一切依靠群众，从群众中来、到群众中去"的群众路线，形成了密切联系群众的优良作风。新形势下，必须把坚持全心全意为人民服务的根本宗旨、保持党同人民群众的血肉联系作为加强和规范党内政治生活的根本要求。

### （一）站稳群众立场、坚持群众路线

站稳群众立场、坚持群众路线，全心全意为人民服务，是我们党一切行动的根本出发点和落脚点，是我们党区别于其他一切政党的根本标志。

站稳群众立场。立场，是人们观察、认识和处理问题的立足点。这个立足点，从根本上讲是由人们的经济政治社会利益和地位决定的。群众立场是决定我们党的性质的根本政治问题。站稳群众立场必须体现到实现好、维护好、发展好最广大人民根本利益上来。新形势下，

加强和规范党内政治生活，全党必须站稳群众立场、增进群众感情。党的各级组织、全体党员特别是各级领导机关和领导干部要贯彻党的群众路线，做到一切为了群众、一切依靠群众，从群众中来、到群众中去，为群众办实事、解难事，当好人民公仆。坚持问政于民、问需于民、问计于民，决不允许在群众面前自以为是、盛气凌人，决不允许当官做老爷、漠视群众疾苦，更不允许欺压群众、损害和侵占群众利益。

坚持群众路线。群众路线是党的生命线，必须保证决策和决策的执行符合人民的利益，正确处理对上负责与对下负责的关系；必须正确处理局部利益和整体利益的关系，当前利益和长远利益的关系，国家、集体和个人利益的关系，坚决反对个人主义、本位主义和"一切向钱看"的思想和行为，绝不能把商品交换原则带入党内政治生活；必须经常深入群众，没有调查就没有发言权，党员干部要多下基层走走，多倾下身子，多跟群众坐在一条板凳上，听听群众怎么想的怎么说的；必须牢记行使权力必须为人民服务、对人民负责并自觉接受人民监督。

### （二）反对形式主义、官僚主义、享乐主义和奢靡之风

新形势下，加强和规范党内政治生活，全党必须坚决反对形式主义、官僚主义、享乐主义和奢靡之风，领导干部特别是高级干部要以身作则。

第一，反对形式主义。形式主义的表现，主要是知行不一、不求实效。有的习惯于以会议落实会议、以文件落实文件；有的下基层调研走马观花，下去就是坐在车上转，隔着玻璃看；有的明知报上来的是假情况、假数字，也听之任之。反对形式主义，重在解决作风飘浮、工作不实，文山会海、表面文章，贪图虚名、弄虚作假等问题。

第二，反对官僚主义。官僚主义的表现，主要是脱离实际、脱离群众，高高在上。有的对实际情况不关注，不帮助基层和群众解决实

际问题，甚至不愿同普通群众打交道；有的对上吹吹拍拍、曲意逢迎，对下吆五喝六、独断专行。反对官僚主义，重在解决脱离实际、脱离群众，消极应付、推诿扯皮，作风霸道、迷恋特权等问题。

第三，反对享乐主义。享乐主义的表现，主要是不思进取，追名逐利、贪图享受，讲究排场。有的追求物质享受，情趣低俗，沉湎花天酒地，纵情声色犬马；有的拈轻怕重，安于现状，不愿吃苦出力，陶醉于已经取得的成绩。反对享乐主义，重在解决追名逐利、贪图享受，讲究排场、玩物丧志等问题。

第四，反对奢靡之风。奢靡之风的表现，主要是铺张浪费、挥霍无度，生活奢华、骄奢淫逸。有的修建豪华气派的办公大楼，搞得富丽堂皇；有的热衷于造节办节，节庆泛滥成灾，劳民伤财；有的要求超规格接待，住高档酒店，吃山珍海味；有的喜欢在高档会馆里乐不思蜀。反对奢靡之风，重在解决铺张浪费、挥霍无度，骄奢淫逸、腐化堕落等问题。

总之，对一切“四风”问题，要发现一起、处理一起，依纪依法严肃问责追责。坚持抓常、抓细、抓长，特别是要防范和查处各种隐形、变异的“四风”问题，把落实中央八项规定精神常态化、长效化。

### （三）不断提高群众工作能力

新形势下，加强和规范党内政治生活，要求党的各级组织、全体党员特别是领导干部必须提高群众工作能力，既服务群众又带领群众坚定不移贯彻落实党的理论和路线方针政策，把党的主张变为群众的自觉行动。

第一，以群众关心的热点和难点问题为工作重点。只说空话不办实事，不仅不能密切党群关系，反而会让群众对党产生失望和怨言。因此，要切实为群众排忧解难，解决群众关心的热点和难点问题，关心群众生产生活。

第二，不断提高协调群众利益的能力。要引导群众正确处理个人利益和集体利益、局部利益和整体利益、当前利益和长远利益的关系，在维护整体利益的前提下争取个人利益，在推动社会发展中逐步实现个人利益；以理性合法的形式表达利益要求，解决利益纠纷。

第三，做好说服教育和示范引导工作。要善于与群众平等交流，在交流中把道理讲清、讲透、讲深、讲实，寓灌输于交流之中。要努力使自己的感情与群众的感情融洽起来。感情是教育的“疏导管”，有助于群众接受意见。示范引导是解决思想问题的有效方法。用群众中涌现出来的先进人物教育、启发群众，会使群众感到亲切、可信，从而产生很大的鼓舞、激励作用。

第四，改进和创新群众工作的方法。要拓宽群众工作的视野和渠道，在党的统一领导下，充分发挥居民、村民自治组织，社团、行业和社会中介组织在社会管理和组织、服务群众方面的作用，使广大群众自己教育和管理自己，形成群众工作的合力。要建立和完善民意调查等制度，利用传统媒体和互联网等各种渠道了解社情民意，倾听群众呼声，密切党群干群关系，把对上负责和对下负责一致起来，着力实现好、维护好、发展好最广大人民的根本利益。

第五，自觉带头维护社会和谐稳定。党员干部必须顾全大局，遇到涉及自身利益和局部利益的问题应该通过正常渠道向上级反映，积极主动做好化解社会矛盾、防控社会风险工作。在应对重大安全事件、重大突发事件、重大自然灾害事件等事件中，领导干部必须深入一线、靠前指挥，及时协调解决突出问题，及时回应社会关切。

## 二、坚持民主集中制原则

《准则》强调，民主集中制是党的根本组织原则，是党内政治生活正常开展的重要制度保障。坚持集体领导制度，实行集体领导和个人分工负责相结合，是民主集中制的重要组成部分，必须始终坚持，任何组织和个人在任何情况下都不允许以任何理由违反这项制度。

### （一）各级党委（党组）必须坚持集体领导制度

集体领导是民主集中制原则在党的领导活动中的体现，是党实行领导的最高原则之一。坚持集体领导是防止个人专断，保证党的决策民主化、科学化，发挥集体智慧和领导班子的思想功能，增强领导班子团结，提高办事效率，避免犯重大错误的有效措施。

各级党委（党组）必须坚持集体领导制度。凡属重大问题，要按照集体领导、民主集中、个别酝酿、会议决定的原则，由集体讨论、按少数服从多数作出决定，不允许用其他形式取代党委及其常委会（或党组）的领导。

要进一步健全集体领导制度，包括党委的工作规则、议事规则、表决制度、民主生活会制度等。要明确党委集体与领导者个人的权限和责任，明确党委办事程序，按照集体领导原则建立起正常的工作秩序。凡是集体决定了的事情，就要分头去办、各负其责。同时，要吸取教训，克服家长制作风。在党组织内部，尤其在党委领导班子内部，应贯彻集体领导原则、个人服从组织原则、少数服从多数原则。因为在党内，书记与委员是平等的，特别在讨论决定重大问题时，书记和委员都只有平等的一票，书记没有特殊的权利，但却有特殊的责任和作用。

书记在班子中要发挥议大事时的把关作用、作决策时的引导作用，决策实施时的组织作用、行动中的表率作用。书记在集体讨论决定重大问题时，要想到自己只有一票权利，个人不能决定重大问题。在集体决议形成以后，书记要严格按照自己的职责贯彻执行，不得以“情况特殊”为由而违背。书记因故缺席时，对集体作出的决定也必须尊重、服从并积极执行，不得强加个人意志，更不能轻易否定。书记要想到自己在党内与委员之间不存在领导与被领导的关系，应当相互尊重、互相支持。

### （二）各级领导班子必须带头贯彻民主集中制

贯彻民主集中制，各级党组织领导班子必须带头，特别是党委主要负责同志要始终坚持按原则办事、按程序办事，强化民主意识，善于集思广益，做到总揽而不包揽、果断而不武断，防止把个人凌驾于组织之上；班子成员要增强全局意识、协作意识，自觉在大局下行动、在合作中履职，做到分工不分家、到位不越位。只有这样，才能提高领导班子整体功能，才能形成心齐气顺的政治氛围。

第一，领导班子成员必须增强全局观念和责任意识，在研究工作时充分发表意见，决策形成后一抓到底，不得违背集体决定自作主张、自行其是。实践证明，领导班子能够比较好地坚持和贯彻执行民主集中制，各项决策就能够符合实际，就能克服各种困难挑战、解决各种复杂矛盾。要坚决反对和纠正当面不说、背后乱说，会上不说、会后乱说，当面一套、背后一套等错误言行。坚持讲原则、讲规矩，共同维护坚持党性原则基础上的团结。

第二，党委（党组）主要负责同志必须发扬民主、善于集中、敢于担责。一把手要摆正自己在领导班子中的位置，既发挥自身在领导班子集体中的核心作用，又要作为领导班子中平等的一员，自觉做贯彻执行民主集中制的表率。要注意听取不同意见，正确对待少数人意见，不能搞一言堂甚至家长制。要支持班子成员在职责范围内独立负责开展工作，坚决防止和克服名为集体领导、实际上个人或少数人说了算，坚决防止和克服名为集体负责、实际上无人负责。

第三，领导班子成员必须坚决执行党组织决定，如有不同意见，可以保留或向上一级党组织提出，但在上级或本级党组织改变决定以前，除执行决定会立即引起严重后果等紧急情况外，必须无条件执行已作出的决定。

第四，领导班子成员分工按规定向上级党委报备，无正当理由、未向上级党委报备不得调整。领导干部要自觉服从组织分工安排，任何人都不能向组织讨价还价、不服从组织安排。领导干部不准把分管工作、分管领域和地方当作“私人领地”，不准搞独断专行。

### （三）进一步坚持和健全民主集中制

民主集中制是我们党和国家的根本组织制度和领导制度，是党组织永葆生机活力的法宝。当前，在贯彻执行民主集中制方面，既有民主不够的问题，也有集中不够的问题。民主不够，突出表现在一些地方和部门的主要党员干部搞个人说了算，“决策一言堂、用人一句话、花钱一支笔”，甚至独断专行、排除异己；集中不够，突出表现在一些党员干部搞分散主义、各自为政，凡事从自己的一亩三分地出发，甚至把分管领域变成“私人领地”。这些问题不解决，就难以有健康的党内政治生活。这就需要各级党委和各级党员干部增强贯彻执行民主集中制的自觉性，进一步完善民主集中制的各项制度，完善党委议事规则和决策机制。

第一，加强思想教育。思想是行动的先导。要组织党员干部加强对马克思主义经典著作关于民主集中制的论述的学习，深入了解民主集中制的由来和发展，了解民主集中制在建党原则上的重大意义；加强对党章和《准则》的学习，使党员进一步熟悉和掌握民主集中制的具体规定和内容，认识坚持民主集中制的重要性和必要性；加强党史学习，了解和认识我们党继承、发扬马克思列宁主义民主集中制的理论的实践过程，提高执行民主集中制的自觉性。

第二，加强党内民主落实来促进民主集中制的实施。新形势下，要把能否开展积极的思想斗争，作为衡量领导干部政治上是否坚定的重要标准；要把能否虚心接受批评监督，作为衡量班子成员党性观念强弱的重要标准。要培育民主作风，强化班子成员议事决策的民主意识。要鼓励大家讲真话、报实情，大胆发表自己的看法。

第三，加强全方位的监督。贯彻民主集中制的一个重要内容就是发扬民主、强化监督。要健全监督机制。要加强党内监督，包括党组织对党员的监督，党员之间的互相监督，党员对领导干部的监督，上级党组织对下级党组织的监督，下级党组织对上级党组织的监督，各级党委会内部的监督，专责监督机关（即党的纪律检查委员会）的监督；要把党内监督与党外监督结合起来，相互联系，互为补充，彼此促进，形成合力，构成对执政党监督的完整体系。

第四，加强具体制度建设健全民主集中制的运行机制。只有使民主集中制制度化、规范化，才能把民主集中制的要求真正落到实处。从基层情况看，凡是民主集中制贯彻得好的地方，都有一套看得见、摸得着、能执行、较科学的制度。要落实党委常委会（或党组）议事规则和决策程序，健全常委会向全委会定期报告工作并接受监督制度，坚决反对和防止独断专行或各自为政，坚决反对和防止议而不决、决而不行、行而不实，坚决反对和防止以党委集体决策名义集体违规。各级党委（党组）要善于观大势、抓大事、管全局，及时发现和解决矛盾和难题，不上推下卸，不留后遗症。建立上级组织在作出同下级组织有关重要决策前征求下级组织意见的制度。

此外，还需将一些模糊的问题具体化，使民主集中制更具可操作性。例如，党章规定重大问题必须经集体讨论决定，但在实际操作中，对“重大问题”的界定和把握急需确定。党委书记是党委贯彻执行民主集中制的关键环节，要通过制度建设把其变成动力源，防止成为瓶颈。党的集体领导和个人分工负责相结合，这是防止个人独断和无人负责的有效手段，但集体领导与个人负责的界限要进一步明确，等等。

## 三、发扬党内民主和保障党员权利

党内民主是党的生命，是党内政治生活积极健康的重要基础。新形势下，加强和规范党内政治生活，要坚持和完善党内民主各项制度，提高党内民主质量，党内决策、执行、监督等工作必须执行党章党规确定的民主原则和程序，任何党组织和个人都不得压制党内民主、破坏党内民主。

### （一）发扬党内民主

党内民主是党的生命，发展党内民主是执政党进行自我净化、自我更新的基本条件，是营造健康的党内政治生态环境、提高党内政治生活质量的根本途径。

党的历史证明，民主集中制贯彻得好，党内民主比较充分，党的政治生活就比较健康、活跃，党内关系比较和谐，党的决策比较正确，党内风气也比较正派，即使在探索中出现一些错误，也能够通过党内批评和自我批评及严格的党内政治生活得到及时纠正。反之，则会使党内政治生活不正常，关系紧张，组织涣散，决策失误，且错误难以得到较快纠正，往往使党的事业遭受重大损失。

党内民主的核心就是不论党员还是干部，在政治上、人格上、权利上、义务上都一律平等，而且都平等享有党章规定的各项权利。

用民主的方法解决党内矛盾，意味着把问题摆到桌面上，进行公开、透明、平等的讨论及开展善意的、实事求是的批评和自我批评。在提高认识、坚持真理、修正错误的基础上达到新的团结统一。

发扬党内民主，对于党内决策应该民主。在重大问题和决策上，应该广泛听取广大党员干部的意见，使他们能畅所欲言，保证制定的方针政策和措施的科学性。

发扬党内民主，务必要保障党员的民主权利。党员是党的肌体的组成部分，是党内生活的主体力量。只有党员干部都能充分行使自己的权利，全党上下形成民主氛围，才能避免家长制和独断专制，保持党的队伍的纯洁性。

发扬党内民主，就要实行党内民主监督。不论决策的执行还是干部执行权力，都要形成上下级、同级的监督，确保权力行使不变样。

总之，坚持民主集中制是我们党的光荣传统，也是党内政治生活的基本规范。每个党员要把维护党的集中统一作为自己言论和行动的准则。每个共产党员特别是各级党委的成员，都必须坚决执行党委的决定。如果有不同意见，可以保留，或者向上一级党委提出声明，但在上级或本级党委改变决定以前，除了执行决定会立即引起严重后果的非常紧急的情况之外，必须无条件地执行原来的决定。必须反对和防止分散主义。全党服从中央，是维护党的集中统一的首要条件，是贯彻执行党的路线、方针、政策的根本保证。

### （二）尊重党员主体地位、保障党员民主权利

发展党内民主的主体是广大党员，党员要成为党内民主的主体，首要的前提条件就是要有明确的、有保障的民主权利。尊重和保障党员的民主权利，既是党员在党内主体地位的体现，也是党的执政方式变革的内在需要，是保持党的生机与活力的需要。新形势下，加强和规范党内政治生活，必须尊重党员主体地位、保障党员民主权利，落实党员知情权、参与权、选举权、监督权。

第一，在教育引导中增强党员主体意识，夯实党内民主建设的思想基础。一是通过各级党校等培训机构加强党员的权利义务教育，将党员民主权利意识的培养与党员的生产、工作、学习活动联系起来，让党员了解、珍惜自己的民主权利，增强参与党内事务和依法行使正当权利的自觉性。二是加强对领导干部的党员主体教育，强化平等意识和民主理念，克服等级观念、特权思想和家长制作风，培养和增强民主观念。三是利用报刊、电视、广播等媒体，开展主题实践活动，大张旗鼓地宣传尊重党员主体地位、保障党员民主权利的意义和重要性，营造宽松的民主环境，让广大党员充分享受权利、认真履行义务，努力营造尊重和维护党员民主权利的浓厚氛围。

第二，在拓宽渠道中发挥主体作用，增强党内民主建设的内生动力。一是注重发挥党员在经济社会发展中的主力军作用。围绕推进发展和服务群众积极创新活动载体，为不同领域和行业的党员搭建参与执政活动的平台。二是注重拓宽党员参与党内事务的渠道。积极拓宽

民主途径，丰富形式，多层次、多角度、多渠道地创设党员参与和管理党内事务的载体，普遍建立党员议事日制度，组织党员对重要事务进行商议讨论；开办党员信箱、网上论坛、党务热线等，使党员随时可以对党内事务提出意见建议；建立党员意见建议办结反馈制，党组织对党员来信来访、意见建议做好登记、记录，及时处理反馈。三是注重为党员发挥主体作用创造条件。普遍建立党内互助机制，加大对困难党员的物质救济、生产帮扶力度，深入开展定点帮扶贫困村活动，完善老干部、老党员、困难党员救助帮扶基金，落实特困党员低保政策，增强党员对党的认同感和向心力，促进党员主体作用的发挥。

第三，畅通党员参与讨论党内事务的途径，拓宽党员表达意见渠道，营造党内民主讨论的政治氛围。要健全党内重大决策论证评估和征求意见等制度。党的各级组织对重大决策和重大问题应该采取多种方式征求党员意见，党员有权在党的会议上发表不同意见，对党的决议和政策如有不同意见，在坚决执行的前提下，可以声明保留，并且可以把自己的意见向党的上级组织直至党中央提出。

第四，在完善制度中保障党员主体的权利，形成党内民主建设的长效机制。一是以健全党务公开制度为重点，落实和保障党员知情权。党务公开在落实和保障党员知情权中具有重要作用。把健全党务公开制度作为党员了解掌握党内工作情况的主渠道，设立党内重大情况通报制度、重大情况反映制度、重大决策听证制度、党员评议制度等。二是以改革党内选举制度为根本，落实和保障党员选举权。保障党员选举权，要以改革党内选举制度为根本，不断扩大党员在党内行使选举权的范围，提供行使选举权的平台。三是以完善党员意见表达制度为基础，落实和保障党员参与权。四是以创新党内监督制度为关键，落实和保障党员监督权。

特别需要强调的是，党员有权向党负责地揭发、检举党的任何组织和任何党员违纪违法的事实，提倡实名举报。党员有权在党的会议上有根据地批评党的任何组织和任何党员。党组织既要严肃处理对举报者的歧视、刁难、压制行为特别是打击报复行为，又要严肃追查处理诬告陷害行为。对受到诽谤、诬告、严重失实举报的党员，党组织要及时为其澄清和正名。要保障党员申辩、申诉等权利。对执纪中的过错或违纪行为，要依规及时纠正、消除影响并追究有关组织和人员的责任。

### （三）党内选举必须体现选举人意志

党的各级领导机关，除它们派出的代表机关和在非党组织中的党组外，都由选举产生。党员的选举权是党员所享有的最基本的民主权利，党员的选举权能否充分实现，是衡量保障党员民主权利程度高低的一把标尺。党内选举必须体现选举人意志，规范和完善选举制度规则。

第一，选举要采用无记名投票的方式。这种方式可以保证选举人真实地表达自己的意志，有效地防止选举中的舞弊行为和可能发生的打击报复。要完善投票的方式与规则。无论哪种方式，都要实行秘密投票，设立秘密画票处是一种保证投票秘密性的举措，“议决”和“举手表决”的方式应该摒弃。

第二，完善候选人介绍办法。在正式选举前，应向选举人详细地介绍候选人的学历、经历、政绩以及竞选纲领等情况，让选举人自主选择。要充分利用现代丰富的媒介对候选人进行宣传介绍。

第三，充分尊重选举人的意志。由选举人按照自己的意志对被选举人作出选择，自主决定选什么人、投什么票。

第四，规范和完善选举制度规则。要把党章党规关于选举制度的规定具体化、规则化、程序化，既有利于统一规范，也便于操作执行。

第五，防止选举中拉票贿选。在党内选举中严禁拉票贿选，是不可触碰的纪律红线。对拉票贿选行为必须“零容忍”，一经发现坚决查办，问责到底，严肃处理。除对选举工作全过程进行监督之外，还有必要建立健全预防和处置干扰、阻挠、破坏选举行为的责任追究和惩罚制度，建立相关的诉讼制、补选制、罢免制、撤换制等配套制度体系，构建党内选举权利的保障机制、违法违纪行为的惩治机制和纠错机制以及履职承诺的管理监督机制。

## 四、坚持正确选人用人导向

坚持正确选人用人导向，是严肃党内政治生活的组织保证。必须严格标准、健全制度、完善政策、规范程序，使选出来的干部组织放心、群众满意、干部服气。

### （一）坚持德才兼备、以德为先，五湖四海、任人唯贤

选拔任用干部必须坚持党章规定的干部条件，坚持德才兼备、以德为先，坚持五湖四海、任人唯贤。

坚持德才兼备、以德为先。考察干部，“德”应该居于首位，“才者，德之资也；德者，才之帅也”。实践已经证明，如果为追求发展速度片面强调“才”而忽视“德”，重用“有缺点的能人”，会造成很大隐患。任何干部都有缺点，有缺点的干部不是不能用，但如果在“德”方面有明显缺陷，就不堪重用甚至不能使用。干部的德，应当包括政治和人品两方面，既是讲理想、信念、宗旨，讲政治立场、政治态度、政治方向，也包括做人的基本道德，如诚实坦荡、不讲假话，正直善良、有同情心，不阿谀奉迎、不投机取巧、不嫉妒他人、不幸灾乐祸、不落井下石等等。在一些人看来，这些似乎是“小事”“小节”，其实，恰恰这些“小事”“小节”，暴露出一个人的内心世界。

坚持五湖四海、任人唯贤。我们的干部来自五湖四海，是为了一个共同的目标走到一起来的。因此，在选人用人时必须坚决反对“以人划线”和“以地域划线”。凡是高素质的、能够担当重任的、经得起风浪考验的优秀干部，不管是来自哪个地区、哪个领域，都要一视同仁，都要关心爱护和支持，都要及时委以重任。要坚决反对以同学会、

老乡会、校友会等为名，搞团团伙伙，甚至在党内搞什么“义结金兰”“拜把子”一类的活动。“义结金兰”“拜把子”把正常的党内关系以及干部之间、上下级之间、同志之间的正常关系庸俗化。虽然搞这种不正之风的人为数不多，但其危害性极大，在群众中造成的恶劣影响决不可低估。

### （二）强化党组织的领导和把关作用

选人用人必须强化党组织的领导和把关作用，落实干部选拔任用工作纪实制度，确保每个环节都规范操作。

第一，坚持好干部的标准。坚持正确选人用人导向，首先要严格把握标准。习近平总书记对好干部的标准作出了这样的概括：信念坚定、为民服务、勤政务实、敢于担当、清正廉洁。信念坚定，就是要坚定共产主义远大理想，真诚信仰马克思主义，矢志不渝为中国特色社会主义而奋斗，坚持党的基本理论、基本路线、基本纲领、基本经验、基本要求不动摇。为民服务，就是要做人民公仆，忠诚于人民，以人民忧乐为忧乐，以人民甘苦为甘苦，全心全意为人民服务。勤政务实，就是要勤勉敬业、求真务实、真抓实干、精益求精，创造出经得起实践、人民、历史检验的实绩。敢于担当，就是要坚持原则、认真负责，面对大是大非敢于亮剑，面对矛盾敢于迎难而上，面对危机敢于挺身而出，面对失误敢于承担责任，面对歪风邪气敢于坚决斗争。清正廉洁，就是要敬畏权力、管好权力、慎用权力，守住自己的政治生命，保持拒腐蚀、永不沾的政治本色。

第二，按照规范程序，把好干部用起来。要坚持全面、历史、辩证看干部，注重一贯表现和全部工作，改进考核方法手段，完善政绩考核评价体系。要科学合理使用干部，用当其时、用其所长，树立强烈的人才意识，寻觅人才求贤若渴，发现人才如获至宝，举荐人才不拘一格，使用人才各尽其能。要建立科学有效的选人用人机制，紧密结合干部工作实际，形成系统完备、科学规范、有效管用、简便易行的制度机制。要推进干部能上能下，通过激励、奖惩、问责等一整套制度安排，保证能者上、庸者下、劣者汰，形成良好的用人导向和制度环境。组织部门作为管党治党的重要职能部门，组织部门改进作风，最核心的是坚持公道正派。要着眼于党的事业发展需要选人用人，公道对待干部，公平评价干部，公正使用干部，敢于坚持原则，让好干部真正受尊重、受重用。

第三，防止干部"带病提拔"。要落实工作责任。各级党委（党组）对选人用人负主体责任，党委（党组）书记是第一责任人，组织人事部门和纪检监察机关分别承担直接责任和监督责任。要深化日常了解。坚持经常性、近距离、有原则地广泛接触干部，深入了解干部的日常品行和表现，多渠道、多层次、多侧面识别干部。要注重分析研判。充分运用日常了解掌握的情况，根据干部一贯表现，突出对政治品质、道德品行、作风表现、履行选人用人职责、廉洁自律等情况的综合分析，发现线索，查找问题。要加强动议审查。坚持先定规矩后议人选，按照以事择人、按岗选人的要求，对领导班子优化方向、拟选拔职位资格条件和人选产生范围等进行充分酝酿，在此基础上比选择优，研究意向性人选。要强化任前把关。考察工作要突出针对性、增强灵活性、提高有效性，针对不同考察对象的具体情况，细化考察内容、改进考察方式，力争考察结果全面、客观、准确；要严格责任追究。充分发挥组织监督和群众监督作用，认真落实干部选拔任用工作纪实等各项监督制度，加强对干部选拔任用工作经常性监督检查。

### （三）自觉防范和纠正用人上的不正之风

近年来，在整治选人用人上的不正之风取得一定成绩的同时，由于制度上存在漏洞、监督上没有跟上，当前在一些地方和部门，选人用人上的不正之风仍时有发生，有的还相当严重。比如，有的任用干部不讲党的原则，搞封官许愿；有的热衷于溜须拍马、拉关系、跑门子、找靠山，不择手段跑官要官；有的搞非组织活动，拉选票，甚至搞贿选、买官卖官、害命谋官等。这些人在谋得一官半职之后，就利用手中的权力，大肆为自己为亲友为情人为利害关系人等谋利。这些不良风气和腐败现象虽然只是少数，但严重干扰党的干部路线方针政策的贯彻执行，严重败坏了党风，严重损害了党和政府的形象，严重影响了选人用人公信度，人民群众对此深恶痛绝。

新形势下，加强和规范党内政治生活，党的各级组织必须自觉防范和纠正用人上的不正之风和种种偏向。坚决禁止跑官要官、买官卖官、拉票贿选等行为，坚决禁止向党伸手要职务、要名誉、要待遇行为，坚决禁止向党组织讨价还价、不服从组织决定的行为。坚决纠正唯票、唯分、唯生产总值、唯年龄等取人偏向，坚决克服由少数人在少数人中选人的倾向。领导干部要带头执行党的干部政策，不准任人唯亲、搞亲亲疏疏，不准封官许愿、跑风漏气、收买人心，不准个人为干部提拔任用打招呼、递条子。

当然，纠正用人上的不正之风，最关键的问题还是要用严明的纪律确保用人问题上的风清气正。对违反选拔任用干部的原则、标准、程序和纪律的，必须彻底纠正，追究责任，严肃处理；对经群众举报、组织查实，在用人上存在一定问题的，要认真受理，确实存在严重问题的，予以严厉惩处，决不姑息迁就。

此外，十分重要的是，任何人都不准把党的干部当作私有财产，党内不准搞人身依附关系。领导干部特别是高级干部不能搞家长制，要求别人唯命是从，特别是不能要求下级办违反党纪国法的事情；下级应该抵制上级领导干部的这种要求并向更上级党组织直至党中央报告，不应该对上级领导干部无原则服从。

### （四）建立容错纠错机制

干部是党的宝贵财富，必须既严格教育、严格管理、严格监督，又在政治上、思想上、工作上、生活上真诚关爱，鼓励干部干事创业、大胆作为。要建立容错纠错机制，宽容干部在工作中特别是改革创新中的失误。

容错机制主要保护什么样的人？建立容错纠错机制，主要保护那些关键时刻奋不顾身，在矛盾、困难和挑战面前不犹豫、不动摇、不退缩，面对矛盾敢于迎难而上、面对危机敢于挺身而出、面对失误敢于承担责任、面对歪风邪气敢于坚决斗争的人。

怎样建立容错纠错机制？

第一，要把先行先试出现的失误与明知故犯造成的后果区分开来，把为推动发展的无意之失与图谋不轨的有意之为区分开来，把对担当者采取的“宽松、宽厚、宽容”的善意之举与对违法违纪者实施的“护短、包庇、纵容”的恶劣行径区分开来，合理设置容错免责的前提条件和具体情形，真正保障实干者。

第二，认定程序要规范。要坚持以事实为依据、以制度为准绳，通过规范容错免责的具体程序，健全完善操作流程，细化申请、核查、认定、实施、答复等步骤和环节。

第三，要进一步建立完善科学的考评奖惩机制。对于那些常挑重担、善解难题的同志，要高看一眼、厚爱一层。同时，对那些只尚空谈、不干实事的干部要严肃问责、及时调整。不让被容错免责者在年度考核、干部考察、评先评优等方面受到不必要的负面牵涉，同时，还要坚决惩治借容错免责来纵容、包庇犯错的行为。

第四，容错纠错机制要敢于公开。容错纠错机制的细则出台后，要及时公开，让广大干部群众了解知情。当启动了容错纠错机制后，要公开容错纠错对象、事件、原因等，主动接受干部群众监督。

党的各级组织要旗帜鲜明为敢于担当的干部担当、为敢于负责的干部负责。对不担当、不作为、敷衍塞责的干部要严肃批评，必要时给予组织处理或党纪处分；对失职渎职的要严肃问责，造成严重后果的要严肃追责，依纪依法处理。

# 专题四　贯彻《准则》，加强和规范党内政治生活（下）

新形势下贯彻《准则》，加强和规范党内政治生活，要求广大党员干部严格党的组织生活制度、开展批评和自我批评、加强对权力运行的制约和监督、保持清正廉洁的政治本色。

## 一、严格党的组织生活制度

党的组织生活是党内政治生活的重要内容和载体，是党组织对党员进行教育管理监督的重要形式。必须坚持党的组织生活各项制度，创新方式方法，增强党的组织生活活力。

### （一）坚持“三会一课”制度

“三会一课”中的“三会”，是指定期召开支部党员大会、支部委员会、党小组会，“一课”是指按时上好党课。新形势下，加强和规范党内政治生活，要求坚持“三会一课”制度，以此来增强党员的组织观念，督促党员发挥先锋模范作用，加强基层党组织建设。

第一，支部党员大会，是党支部全体党员参加的会议，也是党支部的最高领导机关，在党支部中享有最高决策权、选举权和监督权。支部党员大会的主要职能：定期听取、讨论和审查支部委员会的工作报告，对支部委员会的工作进行审查和监督；讨论并决定党支部的重大问题；选举产生新的支部委员会及出席上级党的代表大会的代表，增补和撤销支部委员；讨论决定支部的其他重大问题。支部党员大会一般情况下每季度召开一次。党支部可以根据工作需要，提前召开支部党员大会。若遇特殊情况不能按时召开，必须经上级党组织批准。

第二，支部委员会，由支部党员大会选举产生，是党支部活动的主要形式之一，也是党员组织生活的主要组成部分。在支部大会闭会期间，支部委员会负责处理党支部的日常工作，是党支部党员大会闭会后党支部的领导机关。支部委员会每月一次，定期召开，如有特殊任务，党支部会的次数也可增加。支部委员会会议内容，主要围绕党的中心工作和党委在近期的具体任务，结合本支部的实际情况确定，也可根据不同内容，采取其他活动形式。

第三，党小组会，是指由党小组长主持，党小组内全体党员参加的会议。开好党小组会，要在选好时间、确定内容、听取意见、带头讨论、贯彻落实等方面做好工作。党小组会一般每月召开一至两次。具体来说，党小组会的会议内容包括：组织党员学习；讨论上级党组织和党支部的决议，研究贯彻执行各项决议的具体措施；党员汇报思想和工作情况，贯彻执行上级党组织和党支部决议及完成党小组分配的工作情况；配合党支部做好具体的党务工作；分析群众的思想状况，研究如何做好思想政治工作等。

第四，党课，是对党员和积极分子进行教育的最经常最基本的一种有效形式。党课一般每季度讲一次，由党支部集中讲。党课的内容包括：比较系统地讲解党章、党的基本理论和党在新时期的重大政策、决策等；根据当时党员和积极分子的实际情况确定题目和内容，进行现身说法教育；请先进人物作报告或看录像，进行形象化教育；根据改革开放精神，搞社会调查，进行国情教育。每讲完一课，要结合思想实际、确定讨论题目，认真组织座谈讨论。

需要强调的是，“三会一课”要突出政治学习和教育，突出党性锻炼，坚决防止表面化、形式化、娱乐化、庸俗化。领导干部要以普通党员身份参加所在党支部或党小组的组织生活，坚持党员领导干部讲党课制度。

### （二）坚持民主生活会和组织生活会制度

新形势下，加强和规范党内政治生活，要坚持民主生活会和组织生活会制度。

民主生活会是指党员领导干部召开的旨在开展批评与自我批评的组织活动制度，是党的建设理论发展和党内民主生活历史经验积累的重要成果，是我们党在长期实践中形成和坚持的优良传统。民主生活会以提高领导班子发现和解决自身问题的能力为定位，遵循惩前毖后、治病救人的基本原则，把开展批评和自我批评作为有力武器，着力加强领导班子的团结统一。实践证明，开好专题民主生活会，是新的时代条件下坚持党要管党、从严治党，严格党内生活，加强党的建设的重要途径。

组织生活会是党的生活的重要内容，是党组织对党员进行教育、管理、监督的重要形式。组织生活会是党支部（党小组）以交流思想、总结经验教训、开展批评和自我批评为中心内容的组织活动制度。支部（党小组）组织生活会一般每季度或半年召开一次。组织生活会应遵循实事求是的原则和团结——批评、自我批评——团结的方针，充分发扬民主，开展积极的思想斗争，增强政治性和原则性。会议应围绕议题交流思想认识，总结经验教训，以以诚相见、与人为善的态度开展批评，达到统一思想、增强团结、互相监督、共同提高的目的，防止把会议开成单纯的汇报工作或研究部署工作的会议。

召开民主生活会和组织生活会，会前要广泛听取意见、深入谈心交心，会上要认真查摆问题、深刻剖析根源、明确整改方向，会后要逐一整改落实。要坚持开门搞整改，对于涉及群众切身利益的整改工作，应定期向群众通报落实情况，全程接受群众监督。上级党组织领导班子成员定期、随机参加下级党组织领导班子民主生活会和组织生活会，发现问题及时纠正。

全体党员、干部特别是高级干部必须增强党的意识，时刻牢记自己第一身份是党员。任何党员都不能游离于党的组织之外，更不能凌驾于党的组织之上。每个党员无论职务高低，都要参加党的组织生活。党组织要严格执行组织生活制度，确保党的组织生活会经常、认真、严肃。

### （三）坚持谈心谈话制度

新形势下，加强和规范党内政治生活，党组织领导班子成员之间、班子成员和党员之间、党员和党员之间要开展经常性的谈心谈话，坦诚相见，交流思想，交换意见。

第一，谈心谈话的方式方法。实行一级抓一级、分级负责谈的办法，既可采用“一对一”面对面的交流方式，也可采用“一对多”“多对多”的方式；一般在领导班子成员内部和支部内进行；领导班子成员之间原则上至少每月谈心一人次。领导班子成员与各自分管的部门负责人至少每月谈心一人次。领导干部与党员群众之间、党员与党员之间，根据具体情况适时谈；工作变动时必谈，受到表彰或处分时必谈，遇到困难或挫折时必谈，出现矛盾和意见分歧时必谈，考察干部或民主评议领导班子时必谈，群众有不良反映时必谈，离退休时必谈；对因公出差一时不能回来的党员要约定时间、地点进行面谈；对年老体弱、行动不便的党员则实行上门谈。

第二，谈心谈话的主要内容。了解和掌握谈心对象的思想、工作、作风、学习及家庭等方面的情况；发现谈心对象存在的缺点和问题，明确努力方向，提出改正的办法和要求；征询谈心对象对自己的意见、建议和要求，帮助自己查找存在的问题，剖析存在问题的根源；交流思想，倾听谈心对象呼声，了解他们的真实想法，沟通彼此的思想和感情；开展批评和自我批评，消除彼此间的误解和隔阂，化解相互间的分歧和矛盾，增进彼此间的熟知和信任；其他认为必须谈心的事项。

第三，谈心谈话的基本原则。一是平等原则。领导干部要放下架子，以平等的心态与谈心对象进行交流，对谈心对象提出的批评意见，采取有则改之、无则加勉的态度。二是诚恳原则。谈心者彼此间要开诚布公，坦诚相见，推心置腹，虚心接受对方对自己提出的意见和建议，制定切实可行的整改措施。三是求实原则。评价他人必须实事求是、客观公正，不带任何个人偏见，做到有根有据、实话实说，不得无中生有、任意夸大。四是党性原则。要摒弃私心杂念，本着对同志对事业高度负责的态度，把意见提在当面，不文过饰非、敷衍塞责。在原则问题上必须亮明态度，不奉行明哲保身、患得患失的处世哲学，不搞姑息迁就、一团和气那一套。

### （四）坚持对党员进行民主评议

新形势下，加强和规范党内政治生活，要坚持对党员进行民主评议。

第一，民主评议党员的原则。一是坚持实事求是的原则。必须以事实为依据，既不降低党员标准，又不提过苛过高要求。二是坚持民主公开的原则。要发扬民主，尊重党员的民主权利，让党员充分发表意见，并认真听取党外群众的评议意见。对不合格党员的组织处理意见要与本人见面，并允许其申辩。三是坚持平等的原则。在评议标准面前人人平等，无论是普通党员，还是党的干部，都要严格要求，一视同仁。

第二，民主评议党员的基本内容。民主评议党员，着重从五个方面进行：是否具有坚定的共产主义信念，能否坚持四项基本原则，全心全意为人民服务；是否坚决贯彻执行党在社会主义初级阶段的基本路线和各项方针、政策，在政治上同党中央保持一致；是否站在改革的前列，维护改革的大局，正确处理国家、集体、个人利益之间的关系；是否坚决执行党的决议，严守党纪、政纪、国法，坚决做到令行禁止；是否密切联系群众，关心群众疾苦，艰苦奋斗，廉洁奉公。每年民主评议的主题，可以根据现阶段党内工作重点、本单位工作实际和党员的思想状况来确定和调整。

第三，民主评议党员方法。民主评议党员工作在党委的领导下，以党支部为单位有计划、有步骤地进行。评议时间相对集中，每年进行一次。一是认真学习，搞好思想教育。二是联系实际，搞好个人对照检查。对照党员标准和评议内容，联系个人思想和工作实际，肯定成绩，找准存在的问题及根源，进行自评，并形成个人总结材料。三是开好党内民主生活会，认真进行评议。评议中要认真开展批评和自我批评，敢于触及矛盾和问题，避免不负责任的评功摆好。同时也可采取适当的方式，听取非党群众的意见。四是党支部综合分析。召开党支部委员会，对每个党员的评价和反映进行综合分析，形成组织意见，转告本人；各支部评议综合情况向支部党员大会报告。五是表彰优秀党员。对民主评议合格党员，由党支部通过口头或书面形式进行表扬。对模范作用突出的党员，报上级党委批准，进行表彰。六是对不合格党员的处置。经评议认为是不合格的党员，党支部应区别不同情况，提出限期改正或者劝退、除名的意见，提交支部党员大会讨论通过，报党委审批。

第四，党员民主评议档次的确定。党员民主评议的档次为：优秀党员、合格党员、基本合格党员、不合格党员。在民主评议中，按照党章对党员的要求和上述各项内容，对每个党员逐个评议。凡是做到或基本做到了的，即可评为合格党员或基本合格党员，表现突出的可评为优秀党员。凡是无正当理由连续六个月不交纳党费，或不过组织生活，或不做党所分配的工作的党员，以及长期消极落后，不履行党员义务，不起党员作用，经教育仍无转变的党员，均应评为不合格党员。

### （五）坚持请示报告制度

执行重大问题请示报告制度，是为党工作、对党负责的直接体现，同党的组织体系、领导体制和工作机制有密切联系。严格执行请示报告制度，对增强各级党组织的组织性、强化广大党员的组织意识和纪律观念、加强领导干部管理和监督、促进党风廉洁建设具有十分重要的意义。

习近平总书记特别指出："作为干部特别是领导干部，在涉及重大问题、重要事项时按规定向组织请示报告，这是必须遵守的规矩，也是检验一名干部合格不合格的试金石。"领导干部必须强化组织观念，工作中重大问题和个人有关事项必须按规定按程序向组织请示报告，离开岗位或工作所在地要事先向组织请示报告。对无正当理由不按时报告、不如实报告或隐瞒不报的，要严肃处理。

各级党委应当向上级党委请示报告工作，各级党组应当向批准其设立的党组织和对该党组有领导关系的党组织请示报告工作，党的各级领导干部应当按规定向其所属的党组织和党的有关工作部门请示报告工作。一般情况下不实行越级请示报告。

## 二、开展批评和自我批评

批评和自我批评是党的三大优良作风之一，是我们党在长期革命实践过程中形成的，在党内政治生活中发挥了积极作用。在一定程度上讲，能否开展好批评和自我批评，是衡量党内政治生活是否正常，是否严肃的标志。批评和自我批评是我们党强身治病、保持肌体健康的锐利武器，也是加强和规范党内政治生活的重要手段。

### （一）批评和自我批评必须坚持实事求是

《准则》强调，批评和自我批评必须坚持实事求是，讲党性不讲私情、讲真理不讲面子，坚持"团结—批评—团结"，按照"照镜子、正衣冠、洗洗澡、治治病"的要求，严肃认真提意见，满腔热情帮同志，决不能把自我批评变成自我表扬、把相互批评变成相互吹捧。

实事求是是我们党思想路线的核心，也是开展批评和自我批评的根本原则和基本方法。习近平总书记指出："批评要实事求是、分清是非、辨别真假，切忌从个人恩怨、得失、利害、亲疏出发看事待人。”

党的十八大以来，党内坚持开展实事求是的批评和自我批评，大家坦诚相待，但仍有少数单位组织生活缺少“辣味”，有的讲问题少，避重就轻、轻描淡写，批评清淡而寡味；有的夸成绩多，批评反倒变相为表扬的甜味；还有的满腹牢骚，批评充斥诉苦的酸味；更有甚者对上级放礼炮、对同级放哑炮、对自己放空炮，当面说一套、背后做一套，令严肃的批评和自我批评索然无味。究其原因，主要是私心杂念作祟，不愿不敢担当。

因此，开展批评和自我批评，不论批评别人也好，自我批评也好，只有实事求是，才能澄清事实、有的放矢。要根据事实，既不夸大也不缩小，讲党性不讲私情，讲真理不讲面子。

新形势下，坚持实事求是地开展批评和自我批评，关键是要找准问题。毛泽东曾指出：“我党必须实行公开的自我批评，不怕家丑外扬，隐瞒是不能教育党员的。”只有勇于直面问题、敢于揭短亮丑，触及思想灵魂、击中问题实质，批评的“辣味”才会让人产生“红红脸、出出汗”的反应，才能有助于“排毒”“治病”。要通过批评和自我批评，解决认识问题，改进思想作风，着力解决理想信念不坚定，党性不强、党风不正、守纪不严的问题，以及世界观、人生观、价值观和权力观、地位观、利益观方面存在的问题。要对照党性要求分析检查自己的不足，认真查找党性党风党纪方面特别是理想信念、廉洁从政、求真务实、联系群众等方面存在的问题。在分析原因时，要注意多分析主观原因，从思想观念、精神状态、工作方法、工作作风等方面反思差距。

### （二）党员干部必须严于自我解剖、批评出于公心

党员干部必须严于自我解剖，对发现的问题要深入剖析原因，认真整改。对待批评要有则改之、无则加勉，不能搞无原则的纷争。自我批评是对自己的解剖，是对自己的深刻认识。党员个人自我批评，

要深入查找自己的突出问题，深刻剖析自己，总结经验教训，拿出整改措施。

批评是送给同志的良药，开展批评，要本着对事业和同志负责的态度，目的是帮助同志，要诚恳地指出问题，帮他分析原因，明确努力方向。习近平总书记强调："我们党能够依靠自身力量解决自身问题，靠的就是批评与自我批评。"批评和自我批评开展不好，从根子上讲是党性原则不强，私心杂念在作怪。私心杂念是影响批评和自我批评健康开展的主观因素，这就要求党组织要教育每一位党员，一切以党的事业和人民的事业为重，摒弃各种私心杂念，时常地检讨自己，敢于在大家面前自我"揭丑"。面对各种错误倾向时，要敢于进行严肃的批评；在考虑问题时，要从大局出发，从党的利益出发。只有这样，才不失工人阶级先锋战士的本色。只要我们每个党员都能够排除私心杂念，都以坚持党的原则为首要，就一定能够提高开展批评的勇气和质量。批评必须出于公心，不主观武断，不发泄私愤。坚决反对事不关已、高高挂起，明知不对、少说为佳的庸俗哲学和好人主义，坚决克服文过饰非、知错不改等错误倾向。要坚持政治原则，决不能抱着心里的小九九，绝不是公报私仇，更不能给人穿小鞋。批评和自我批评最忌讳"好人主义"。一些党员干部担心自我批评怕丢面子、批评上级怕穿小鞋、批评同级怕伤和气、批评下级怕丢选票。这种思想最要不得。

党的领导机关和干部对各种不同意见都必须听取，鼓励下级反映真实情况。党内工作会议的报告、讲话以及各类工作总结，上级机关和领导干部检查指导工作，既要讲成绩和经验，又要讲问题和不足；既要注重解决问题，又要从问题中反思自身工作和领导责任。

此外，用好批评和自我批评这一武器，需要科学的方法。批评要注重政治性，杜绝庸俗化，拒绝不痛不痒；要坚持摆事实讲道理，以理服人，只有这样被批评者才会口服心服；还要注意针对性，要针对具体问题，从党的事业和人民的利益出发，及时帮助同志改正错误。

批评和自我批评坚决不能走过场，要“不怕得罪人”；批评和自我批评要“不怕揭短亮丑”，这样才能出汗排毒；批评和自我批评要“不怕触及灵魂”，这才能起到治病救人的作用。

### （三）领导干部必须带头从谏如流、敢于直言

毛泽东曾经说，有没有认真的自我批评是我们党区别于其他政党的显著标志之一。在民主革命时期，由于斗争环境非常险恶，党的队伍成分复杂，对于党员干部的思想是个巨大考验。如何让广大党员干部迅速成长为具有先进思想的共产主义战士，抛弃身上的不良习气，党创造了同志间、上下级间经常开展批评和自我批评的方法，对一些问题共同切磋，共同提高。这及时帮助广大党员干部纠正错误思想，树立正确路线，全党上下实现思想统一，为夺取革命胜利创造了条件。

新形势下，防止和克服党内政治生活庸俗化，提高党内政治生活的政治性、时代性、原则性、战斗性，关键也在于要有严肃认真的批评和自我批评。领导干部特别是高级干部必须带头从谏如流、敢于直言，以批评和自我批评的示范行动引导党员、干部打消自我批评怕丢面子、批评上级怕穿小鞋、批评同级怕伤和气、批评下级怕丢选票等思想顾虑。把发现和解决自身问题的能力作为考核评价领导班子的重要依据。

《论语》中讲：“君子之过也，如日月之食焉：过也，人皆见之；更也，人皆仰之。”要求领导干部特别是高级干部带头闻过则喜，从谏如流，这既是民主作风的需要，也是各级领导干部科学决策、更好开展工作的客观要求。“从谏如流”方可“择善而从”。下属和群众坦陈己见而无顾虑，愿意建言献策。协调推进“四个全面”的任务越是艰巨繁重，越是需要强大的智力支持，越是要善于集中各方面智慧、凝聚最广泛力量，推动科学决策、民主决策。各级领导干部，无论想问题、办事情，还是作决策，都应当广泛听取意见，尤其是需要听取不同的意见，包括反对声音。若不能容谏，则“鸦雀无声”。逆耳诤言往

往会让人红脸，但却往往最富养分、最有价值。任何一个决策能否顺利诞生，能否经得起实践和历史的检验，有不同意见都是难能可贵的。既然出现不同的意见、反对意见，就必然有其出现的理由。倘若只有“一种声音”，甚至“鸦雀无声”，看起来是高度集中、至高威信，实非好事。不容谏，则难以凝聚人心、集中众智，也就不可能“择善而从”，不可能执政兴邦。各级领导干部一定要听得进刮鼻刮脸的指责之语，容得下如针似箭的批评之言，虚心接受下属和群众的意见，即使是批评错了，也要有则改之，无则加勉，择其善者而从之。

总之，用好批评和自我批评这一武器，要增强开展批评和自我批评的自觉性，使开展批评和自我批评成为党内政治生活的新常态。对这个武器，我们要大胆使用、经常使用、用够用好，使之成为一种习惯、一种自觉、一种责任。要认真开展积极健康的党内思想斗争，帮助广大党员干部分清是非、辨别真假，坚持真理、修正错误。每个党员干部都要增强言党忧党为党意识，落实爱党兴党护党行为，敢于同形形色色违反党内政治生活原则和制度的现象作斗争。

## 三、加强对权力运行的制约和监督

《条例》强调，监督是权力正确运行的根本保证，是加强和规范党内政治生活的重要举措。必须加强对领导干部的监督，党内不允许有不受制约的权力，也不允许有不受监督的特殊党员。

### （一）完善权力运行制约和监督机制

制度问题更带有根本性、全局性、稳定性、长期性。党要管党、从严治党，必须有坚强的制度作保证。新形势下，加强和规范党内政治生活，要完善权力运行制约和监督机制，形成有权必有责、用权必担责、滥权必追责的制度安排。

第一，完善党内法规，依法依规治党。“小智治事，中智治人，大智立法。”要深化党的建设制度改革，继续制定完善党内法规，注重党内法规同国家法律的衔接和协调，构建以党章为根本、若干配套党内法规为支撑的党内法规制度体系，做到前后衔接、左右联动、上下配套、系统集成。要狠抓党内法规执行，坚持制度面前人人平等、执行制度没有例外，不留“暗门”、不开“天窗”，坚决维护制度的严肃性和权威性，坚决纠正有令不行、有禁不止的行为。

第二，实行权力清单制度。对权力运行要建立制度，把权力关进制度的笼子里，就需要列出权力清单。要合理分解和科学配置权力，划清权力边界，明确责任主体。要完善党内权力运行机制，实行权责对应，坚决反对特权，防止滥用职权。

第三，公开权力运行过程。阳光是最好的防腐剂。习近平总书记强调，要健全权力运行制约，让人们监督权力，让权力在阳光下运行。要坚持以阳光党务为核心，全方位推进党务公开和办事公开，畅通群众诉求渠道。

第四，规范党内监督的内容。《中国共产党党内监督条例》规定，党内监督主要内容包括：遵守党章党规，坚定理想信念，践行党的宗旨，模范遵守宪法法律情况；维护党中央集中统一领导，牢固树立“四个意识”，贯彻落实党的理论和路线方针政策，确保全党令行禁止情况；坚持民主集中制，严肃党内政治生活，贯彻“四个服从”情况；落实全面从严治党，严明党的纪律特别是政治纪律和政治规矩，推进党内廉政建设和反腐败工作情况；落实中央八项规定精神，加强作风建设，密切联系群众，巩固党的执政基础情况；坚持党的干部标准，树立正确选人用人导向，推行干部选拔任用工作规定情况；廉洁自律、秉公用权情况；完成党中央和上级党组织部署的任务的情况。党内监督必须紧紧围绕这些内容来进行。对此，我们要严格落实。

**（二）党的各级组织和干部必须在宪法法律范围内活动**

改革开放以来，我国社会主义法治建设取得了重大成就，但不可否认的是，法律权威、法治信仰缺乏，“人治”思想、“官本位”观念根深蒂固的状况仍然存在。被查处的腐败分子，无一不是从践踏党纪国法开始的。当前，少数党员干部对他人讲法治，自己搞“人治”，践踏法律，使政治生态遭到严重破坏。

新形势下，加强和规范党内政治生活，要求党的各级组织和领导干部必须在宪法法律范围内活动，增强法治意识、弘扬法治精神，自觉按法定权限、规则、程序办事，决不能以言代法、以权压法、徇私枉法，决不能违规干预司法。

一方面，培养法治思维。几千年的中国传统社会，说到底实行的是人治思维，讲究人情世故，强调人和权力的作用。在这种治理模式下，社会的治乱兴衰，取决于用权者的个人素养和人性魅力。在新形势下，培养法治思维，坚持依法治国已经成为党员干部的必修课。党员干部都要牢固树立宪法法律至上、法律面前人人平等、权由法定、权依法使等基本法治观念；时刻牢记法律红线不可逾越，法律底线不可触碰，一旦触碰，将会付出应有的代价；更重要的是，要把对法治的尊崇、对法律的敬畏内化为一种思维方式，用法治思维想问题、作决策，要弄明白法律规定我们怎么用权，什么事能干、什么事不能干，心中高悬法律的明镜，手中紧握法律的戒尺，知晓为官做事的尺度。

另一方面，自觉依法办事。“知者行之始，行者知之成。”党组织对党员干部法治素养的培育，要从他踏入干部队伍的那一天抓起，不断加强教育加强管理，强化监督，逐渐让他养成一种基本的用权习惯。就党员干部个人而言，要做尊法的模范，带头尊崇法治、敬畏法律；做学法的模范，带头了解法律、掌握法律；做守法的模范，带头遵纪守法、捍卫法治；做用法的模范，带头厉行法治、依法办事，自觉做尊法学法守法用法的模范。此外，还应该在面对各种危害法治、破坏法治、践踏法治的现象时挺身而出、坚决斗争。

### （三）领导干部必须加强自律，自觉接受监督

《论语》中说：“君子三年不为礼，礼必坏；三年不为乐，乐必崩。”党的领导干部是党的事业的骨干，是党的路线方针政策的制定者和执行者，是实现党的各项任务的组织者，一言一行都会影响周边、影响社会，理应以更高的标准时时刻刻严格要求自己，为广大党员群众当好旗帜和标杆。

党的执政地位、社会主义国家的一切权力，都来自于人民。说到底，领导干部手中的权力都是人民赋予的。然而在现实生活中，有的人并没有清楚地认识到这一点，一些党员干部很容易产生模糊认识，在权力从何而来、为谁而用等基本问题上出现认识偏差。新形势下，领导干部特别是高级干部必须加强自律、慎独慎微，自觉检查和及时纠正在行使权力、廉政勤政方面存在的问题，做到可以行使的权力按规则正确行使，该由上级组织行使的权力下级组织不能行使，该由领导班子集体行使的权力班子成员个人不能擅自行使，不该由自己行使的权力决不能行使。

领导干部要正确对待监督，主动接受监督，习惯在监督下开展工作，决不能拒绝监督、逃避监督。习近平总书记指出：“不想接受监督的人，不能自觉接受监督的人，觉得接受党和人民监督很不舒服的人，不具备当领导干部的起码素质。”有的领导干部不愿接受监督，甚至一听到“监督”就有一种本能的反感，这是十分错误的，是封建特权思想影响的突出反映。每个党员领导干部都要牢记权力是人民给的，要视监督为帮助、支持和关爱，主动把自己置于党组织和群众的监督之下。要正确对待群众的信访举报和批评建议，主动接受监督。

当然，在监督过程中，党员、干部反映他人的问题，应该出于党性，通过党内正常渠道实名进行，不准散布小道消息，不准散发匿名信，不准诬告陷害等。对党组织和党员、干部行使权力进行监督，必须依纪依法进行。纪检监察、司法机关严格依纪依法按程序对涉嫌严

重违纪违法行为进行调查。任何组织和个人不得自行决定或受指使对党员、干部采取非法调查手段。对违反规定的，要严肃追究纪律和法律责任。

## 四、保持清正廉洁的政治本色

《准则》强调，建设廉洁政治，坚决反对腐败，是加强和规范党内政治生活的重要任务。必须筑牢拒腐防变的思想防线和制度防线，着力构建不敢腐、不能腐、不想腐的体制机制，保持党的肌体健康和队伍纯洁。

### （一）领导干部必须“三严三实”

各级领导干部必须严以修身、严以用权、严以律己，谋事要实、创业要实、做人要实，经得起权力、金钱、美色考验，用党和人民赋予的权力为人民服务。

严以修身，就要加强党性修养，坚定理想信念，提升道德境界，追求高尚情操，自觉远离低级趣味，自觉抵制歪风邪气。严以用权，就要坚持用权为民，按规则、按制度行使权力，任何时候都不搞特权、不以权谋私。严以律己，就要心存敬畏、手握戒尺，慎独慎微、勤于自省，遵守党纪国法，做到为政清廉。

谋事要实，就要从实际出发谋划事业和工作，使点子、政策、方案符合实际情况、符合客观规律、符合科学精神。创业要实，就要脚踏实地、真抓实干，敢于担当责任，勇于直面矛盾，善于解决问题，努力创造经得起实践、人民、历史检验的实绩。做人要实，就要对党、对组织、对人民、对同志忠诚老实，做老实人、说老实话、干老实事，襟怀坦白，公道正派。

“三严三实”要求，着力点就在一个“严”字、一个“实”字。如果离开了这个“严”字，就会导致信仰迷失、组织涣散、纪律松弛，最终失去凝聚力、战斗力。如果离开了这个“实”字，就会导致脱离实际、徒做虚功、贻误事业，最终失去民心民意、失去执政基础。

贯彻“三严三实”要求，必须坚持严字当头、实字托底，做到严实结合、融为一体。每一位党员干部特别是领导干部一定要认真领会“三严三实”的深刻内涵和具体要求，把“三严三实”作为修身做人的基本遵循，作为为官用权的警世箴言，作为干事创业的行为准则，真正内化于心、外化于行，更好地履行共产党人的崇高职责。

此外，要把“三严三实”要求贯彻到建立健全作风建设长效机制之中，关键要解决两个问题：一是解决“牛栏关猫”问题；二是解决“稻草人”问题。我们制定的制度应当是“铁笼子”，不是“松紧带”，一定要把制度笼子扎紧扎密，具体实在，清晰界定什么能做、什么不能做，不能含含糊糊、模棱两可。

### （二）注重家庭、家教、家风

新形势下，加强和规范党内政治生活，领导干部特别是高级干部必须注重家庭、家教、家风，教育管理好亲属和身边工作人员。严格执行领导干部个人有关事项报告制度，进一步规范领导干部配偶子女从业行为。禁止利用职权或影响力为家属亲友谋求特殊照顾，禁止领导干部家属亲友插手领导干部职权范围内的工作、插手人事安排。各级领导班子和领导干部对来自领导干部家属亲友的违规干预行为要坚决抵制，并将有关情况报告党组织。

“一家仁，一国兴仁；一家让，一国兴让。”家和万事兴。作为社会的基本细胞、人生的第一所学校，家庭对养育出人格健全的社会个体至关重要，对国家、民族、社会的繁荣发展不可或缺。尤其是在社会生活中具有引领作用的领导干部的家庭，更是这样。

共产党人要重视家风建设，是由党的宗旨决定的。领导干部的家风状况，不是普通意义上的家庭小事，而是关系到党风、政风、民风好坏的大事。从大量揭露出来的违纪违法案件看，很多腐败之祸的起因，“不在颛臾，而在萧墙之内也”。几千年封建的“官本位”“封妻荫子”的陈腐观念，“一人得道，鸡犬升天”的丑陋规则，使腐败在一些领导干部的家庭中打开了缺口。“枕边风”“膝下风”，“贪内助”“纨绔子”，一人当官“全家腐”。有的主政一方，老婆孩子经商办企业，包揽工程、批发项目，套取巨额利益；有的搞“一家两制”，“前门当官，后门开店”，家人跟着一起发大财。这种以腐败官员为轴心，夫妻联手，父子上阵，兄弟串通，七大姑八大姨共同发财的家族式腐败，带坏了官场风气，败坏了社会风气，破坏了党和政府形象，最终也毁坏了整个家庭、家族。

领导干部也有自己的家庭，也要关爱家人，这是人之常情。但以什么理念、态度、方式关爱，却大有学问。共产党人的家庭亲情，一定要摆在对人民群众的深厚感情之下；领导干部对家庭利益的追求，一定要在遵纪守法、先公后私、大公无私的底线与境界中获取。

### （三）抵制潜规则，自觉净化社交圈、生活圈、朋友圈

《准则》强调，全体党员、干部特别是高级干部必须拒腐蚀、永不沾，坚决同消极腐败现象作斗争，坚决抵制潜规则，自觉净化社交圈、生活圈、朋友圈，决不能把商品交换那一套搬到党内政治生活和工作中来。

第一，努力做到崇廉拒腐。习近平总书记提出，既要干事又要干净。干净，就是清正廉洁、一尘不染，做到了干净，才能赢得群众认可。干净是立身之本，也是为官的底线。要敬畏良知，处理好“畏人知”与“畏己知”的关系，消除侥幸心理，自觉做“忠诚干净担当”的践行者。要敬畏权力，坚持为民用权、秉公用权、依法用权、廉洁用权，不能擅自滥用。

第二，当官就不要想发财。做官有为官之道，经商有经商之道，然而一旦当官的和经商的相互勾结，就会酿成巨大的腐败。因此，要时刻牢记当官发财是两条道，当官就不要想着发财，如果想发财就不

要当官。“官”“商”交往要有道，相敬如宾，而不要勾肩搭背、不分彼此，要划出公私分明的界限。要从思想上高度认识到官商勾结的危害，不要到处乱伸手，否则必定会被抓，千万不要抱有侥幸心理。

第三，自觉抵制潜规则。曾经，潜规则横行于社会生活的许多方面，成为滋生腐败的土壤。甚至，有人大呼：“明规则让老实人吃亏，潜规则让人如鱼得水。”各种各样的潜规则是腐蚀党员和干部、败坏党的风气的沉疴毒瘤。如果对之听之任之，将会造成无法估量的后果。广大党员干部一定要筑牢心中的防线，要明白“廉洁吃亏一阵子，自律安全一辈子”，千万别抱着侥幸心理贪婪，结果坐牢后悔一辈子。此外，要使明规则战胜潜规则，使潜规则失去滋生的土壤，就必须从制度上根本解决，那就是法治。要激浊扬清，形成清正严明、弘扬正气的从政环境，让那些潜规则在党内失去土壤，没有立足之地。

第四，自觉同特权现象作斗争。各级领导干部是人民公仆，没有搞特殊化的权力。要坚持立党为公、执政为民，坚持公私分明、先公后私、克己奉公，带头保持谦虚、谨慎、不骄、不躁的作风，保持艰苦奋斗的作风，带头执行廉洁自律准则，自觉同特权思想和特权现象作斗争，不准利用权力为自己和他人谋取私利，禁止违反财经制度批钱批物批项目，禁止用各种借口或巧立名目侵占、挥霍国家和集体财物，禁止违反规定提高干部待遇标准。

第五，自觉远离各种“圈子”。习近平总书记曾多次强调，上下级关系不是封建的依附关系，干部是党的干部，不是某个人的家臣。他警告全党决不能搞封建社会那种“封妻荫子”“一人得道，鸡犬升天”的腐败之道。他特别反感搞小山头、小圈子、小团伙等，警告党员干部决不能搞门客、门宧、门附那一套。各级党的干部一定要在这个问题上保持清醒，自觉净化社交圈、生活圈、朋友圈。

“大鹏之动，非一羽之轻也；骐骥之速，非一足之力也。”新形势下，加强和规范党内政治生活是全党的共同任务，必须全党一起动手。各级党委（党组）要坚持“党要管党”“从严治党”的方针，全面履行加强和规范党内政治生活的领导责任，上级党组织要加强对下级党组织的指导监督检查，各级组织部门和机关党组织要加强日常管理，各级纪律检查机关要严肃查处违反党内政治生活准则的各种行为。全面从严治党永远在路上。只要我们能够更加紧密地团结在以习近平总书记为核心的党中央周围，坚定不移维护党中央权威和党中央集中统一领导，继续推进全面从严治党，共同营造风清气正的政治生态，“两个一百年”奋斗目标、中华民族伟大复兴的中国梦就一定能够实现。

# 党内监督篇

党的十八届六中全会通过的《中国共产党党内监督条例》(以下简称《条例》)，把党的十八大以来加强党的建设、强化党内监督的实践探索及时转化为制度成果，实现党内监督制度与时俱进，是更好地进行具有许多新的历史特点的伟大斗争、推进党的建设新的伟大工程、推进中国特色社会主义伟大事业，实现中华民族伟大复兴的中国梦的客观需要，是完善权力运行制约和监督机制，形成有权必有责、用权必担责、滥权必追责的制度安排。

# 专题一　党内监督的特点

党内监督是指党组织和党员依据党章党规，在党组织内部通过检查、督促、评价、揭露、举报、处理等方式，保证特定党组织和党员的行为在任何情况下都不违背党的宗旨和党纪党规的一种客观有序的活动。党组织和党员既是党内监督的主体，也是党内监督的对象。

中国共产党走过了95年的风雨历程，“不忘初心、继续前进”，在统筹推进“五位一体”总体布局，协调推进“四个全面”战略布局过程中，必须全面从严治党，增强党在长期执政条件下自我净化、自我完善、自我革新、自我提高能力，确保党始终成为中国特色社会主义事业的坚强领导核心。

全面从严治党，必须从根本上解决主体责任缺失、监督责任缺位、党的观念淡漠、组织涣散、纪律松弛，管党治党宽松软的问题。解决这些问题，必须强化中国共产党党内监督，使党内监督责任清晰、主体明确、制度管用、行之有效。习近平总书记指出，党内监督既是中国共产党自身建设的重要内容，也是重要保障。加强党内监督，是我们党从所处的历史方位、所面临的内外形势、所肩负的使命任务出发，着眼于坚持党的领导，加强党的建设，全面从严治党，保持党的先进性和纯洁性提出的一项重大任务。

## 一、党内监督规范化

中国共产党向来重视党内监督。在第一次代表大会通过的《中国共产党纲领》中，就有相关党内监督的规定。2003 年 12 月 31 日，

《中国共产党党内监督条（试行）》正式施行，标志着党内监督工作进入规范化、制度化的新阶段。

《中国共产党党内监督条例（试行）》颁布施行以来，对加强党内监督、维护党的团结统一发挥了积极作用。但是，随着形势任务发展变化，其监督主体比较分散、监督责任不够明确、监督制度操作性和实效性不强等与新实践新要求不相适应的问题显现出来。形势发展需要我们对《条例》进行修订，围绕责任设计制度、围绕制度构建体系。通过明确责任、完善制度，把党内监督严起来、实起来，把党组织的凝聚力、战斗力焕发出来，推动管党治党由宽松软走向严实硬。根据十八届中央纪委五次、六次全会关于健全党内监督制度的要求，中央纪委机关先后召开7次专题会议，研究党内监督条例修订工作。

党的十八届六中全会通过的《中国共产党党内监督条例》，把十八大以来加强党的建设、强化党内监督的实践探索及时转化为制度成果，实现党内监督制度与时俱进，是更好地进行具有许多新的历史特点的伟大斗争、推进党的建设新的伟大工程、推进中国特色社会主义伟大事业，实现中华民族伟大复兴的中国梦的客观需要，是完善权力运行制约和监督机制，形成有权必有责、用权必担责、滥权必追责的制度安排，是党内监督规范化、制度化、程序化的体现。

依据《中国共产党党内监督条例》，党内监督要依纪、依法、有序、有效。对党组织和党员、干部行使权力进行监督，必须依纪依法进行。纪检监察、司法机关严格依纪依法按程序对涉嫌严重违纪违法行为进行调查。

任何组织和个人不得自行决定或受指使对党员、干部采取非法调查手段。对违反规定的，要严肃追究纪律和法律责任。

## 二、党内监督没有禁区、没有例外

监督是权力正常运行的根本保证，是加强和规范党内政治生活的重要举措。对干部的监督，关系到权力使用是否合法，是否符合党的全心全意为人民服务宗旨。党向来强调必须加强对领导干部的监督。这种监督是全方位、全天候、全员的监督，党内不允许有不受制约的权力，也不允许有不受监督的特殊党员。

党内监督需要氛围和载体，这就要求营造党内民主监督环境，畅通党内民主监督渠道。党的各级组织和全体党员要增强监督意识，既履行监督责任，又接受各方面监督。

党内监督必须突出党的领导机关和领导干部，特别是主要领导干部。领导干部手中的权力越大，控制的资源越多，越有必要严格监督，从而保证权力正确使用。

监督有利于防患于未然，即使真有违纪违规问题了，也可以早发现、早纠正，从而降低干部严重违纪违法的概率，降低共产党执政的成本。

各级领导干部都要正确对待监督，主动接受监督，习惯在监督下开展工作，决不能拒绝监督、逃避监督。

领导干部特别是高级干部必须加强自律，慎独、慎初、慎微，自觉检查和及时纠正在行使权力、廉政勤政方面存在的问题，做到可以行使的权力按规则正确行使，该由上级组织行使的权力下级组织不能行使，该由领导班子集体行使的权力班子成员个人不能擅自行使，不该由自己行使的权力决不能行使。

党内监督要求尊重党员主体地位、保障党员民主权利，落实党员知情权、参与权、选举权、监督权，保障全体党员平等享有党章规定的党员权利，任何党组织和党员不得侵害党员民主权利。要推进党务公开，发展和用好党务公开新形式，使党员更好了解和参与党内事务。

党内监督，必须建立在对监督对象的清楚了解基础上。实行党内监督，必须提高党内生活和党务活动的公开性、透明度，以保证党内外群众和相关监督机构的知情权。党的各级组织和领导干部要采取一定的形式（如公报、通报、报告等），定时地发布党的工作、党内生活和党务活动的情况，定期举行党员民意测验，对党组织及其领导的工作进行评定、评议。

举报谁，谁回避。这是从制度设计上保障党员权利，加强对重点监督对象的监督。党的十八届六中全会明确要求，对涉及违纪违法行为的举报，对党员反映的问题，任何党组织和领导干部都不准隐瞒不报、拖延不办。涉及所反映问题的领导干部应该回避，不准干预或插手组织调查。这有利于防止对监督的压制与对监督人的打击报复，保障党内监督的全覆盖、无例外。

党的各级组织和领导干部必须在宪法法律范围内活动，增强法治意识、弘扬法治精神，自觉按法定权限、规则、程序办事，决不能以言代法、以权压法、徇私枉法，决不能违规干预司法活动和执纪执法活动。

## 三、监督与激励相结合

党的干部是党的宝贵财富，必须既严格教育、严格管理、严格监督，又在政治上、思想上、工作上、生活上真诚关爱，鼓励干部干事创业、大胆作为。

监督是一种爱护。“严是爱，宽是害。”对干部严格监督，不是把干部看紧管牢，推一推动一动，不推不动，而是促使党的领导干部做到有权必有责、有责要担当，用权受监督、失责必追究。这本身就是对干部的关心爱护，保证干部干成事，不出事，即使出现行为失范，也能及时发现，抓小抓早，防患于未然。

把对干部的爱护体现到监督中，一要注重事前教育防控。通过组织谈心谈话、上党课、警示教育、提示提醒等方式，让被监督对象真心体会到，监督实际是组织对个人的关心和爱护。二要查摆各个岗位的廉洁风险点，制定防控措施，实施有效监督。三要实行关键部位全过程监督。对重点岗位、重要环节坚持全程监督，坚持事前有登记备案、事中有调查监督、事后有情况反馈，做到监督有重点、无盲区、不例外。

信任不能代替监督。各级党组织要把信任激励同严格监督结合起来。激励，是激发勉励，传递动力使被激励对象做功或活动。人的一切行动都是由某种动机引起的。动机是一种精神状态，它对人的行动起激发、推动、加强的作用。激励是一种持续激发动机的活动，是组织通过设计适当的外部奖酬形式和工作环境，以一定的行为规范和惩罚性措施，借助信息沟通来激发、引导、保持和归化组织成员的行为，以便有效地实现组织及其成员个人目标的系统性活动。激励水平越高，完成目标的努力程度和满意度越高，工作效能越高；激励水平越低，缺乏完成组织目标的动机，工作效率越低。党和人民的信任是对党员领导干部的一种内在激励，直接引发干部干事创业的内在动力，这种动力是强大的，但并不总是有效，或并不总是对所有人有效。信任的激励作用，往往取决于被激励者对信任的认知及重视程度。因此，信任很重要，但只有信任不够。

监督是外在的约束和外在压力，给干部干事创业一种外在推动力，这种力量是强大的，对所有人无差异存在。要取得可预期的激励效果，信任和监督不能割裂、对立，必须结合起来。

监督结果要与奖励、问责结合。要建立完善公正、公平、责权统一、赏罚分明的激励机制。

# 专题二 党内监督的主要内容

《条例》对党内监督的主要内容，做出了八项规定。

## 一、遵守党章党规，坚定理想信念，践行党的宗旨，模范遵守宪法法律情况

党章是党的根本大法，是全党必须遵循的总规矩。习近平同志在《认真学习党章 严格遵守党章》中指出："党章是党的总章程，集中体现了党的性质和宗旨、党的理论和路线方针政策、党的重要主张，规定了党的重要制度和体制机制，是全党必须共同遵守的根本行为规范。"《中国共产党党内法规制定条例》第一章总则部分第二条明确指出："党内法规是党的中央组织以及中央纪律检查委员会、中央各部门和省、自治区、直辖市党委制定的规范党组织的工作、活动和党员行为的党内规章制度的总称。"没有规矩，不成方圆。党章在党内法规中具有母法地位，其他党内法规是对党章的细化、具体化。党章党规规范党组织的工作、活动，规范党员行为，对增强党的创造力、凝聚力、战斗力具有极为重要的作用。因而，党的各级组织和全体党员都要增强党章党规意识，严格遵守党章党规。党的最高理想和最终目标是实现共产主义。理想信念是共产党人精神上的"钙"，正如习近平总书记所指出的，"理想信念坚定，骨头就硬，没有理想信念，或理想信念不坚定，精神上就会'缺钙'，就会得'软骨病'"[①]。因而，全党

① 中共中央宣传部：《习近平总书记系列重要讲话读本》，学习出版社、人民出版社 2016 年版，第 106 页。

要坚定理想信念，把坚定理想信念视作共产党人的政治灵魂和精神支柱。

党的宗旨是全心全意为人民服务。党的宗旨的这一指向充分说明了党除了工人阶级和最广大人民群众的利益，没有自己特殊的利益，党在任何时候都把群众利益放在第一位，把全心全意为人民服务作为一切活动的出发点和归宿。党的宗旨是党区别于其他政党的显著标志，能不能坚持党的宗旨直接成为评判党的组织和党员是否变色、改色的重要依据，直接影响党在群众中的形象。因而，为了党在群众中的形象不变色、不改色，党的各级组织和全体党员要时刻践行党的宗旨。

宪法是国家的根本大法，是制定其他法律的基础和依据，其他法律是对宪法的细化、具体化。党的十二大党章首次规定，“党必须在宪法和法律的范围内活动”，此后历次修正党章都沿用了这一规定。宪法序言部分明确指出，“本宪法以法律的形式确认了中国各族人民奋斗的成果，规定了国家的根本制度和根本任务，是国家的根本法，具有最高的法律效力。全国各族人民、一切国家机关和武装力量、各政党和各社会团体、各企业事业组织，都必须以宪法为根本的活动准则，并且负有维护宪法尊严、保证宪法实施的职责”；第一章总纲部分第五条明确指出，“中华人民共和国实行依法治国，建设社会主义法治国家”，“任何组织或者个人都不得有超越宪法和法律的特权”。

我国的宪法和法律是党领导全国人民制定的，是人民意志的集中体现，具有最高的权威；是党的路线、方针、政策的法律化，是党把党的主张上升为国家意志的集中体现。鉴于此，如果超越宪法和法律的范围去活动，必然给党的事业和人民的利益带来危害。所以，党的各级组织和全体党员必须要在宪法和法律许可的范围内活动，模范地遵守宪法法律，保证宪法法律的实施。

## 二、维护党中央集中统一领导，牢固树立政治意识、大局意识、核心意识、看齐意识，贯彻落实党的理论和路线方针政策，确保全党令行禁止情况

维护党中央的集中统一领导，即全党必须自觉在思想上政治上行动上同党中央保持高度一致。党章第二章党的组织制度部分第十条明确规定："党是根据自己的纲领和章程，按照民主集中制组织起来的统一整体。"一个国家、一个政党，领导核心至关重要。中国共产党作为以民主集中制原则建立起来的马克思主义政党，如果没有党中央集中统一领导，党就是乌合之众，无法保证正确方向，无法实现强大合力。因为，党的各级组织和全体党员都要时刻维护党中央的集中统一领导。政治意识，就是"要严守政治纪律，在政治方向、政治立场、政治言论、政治行为方面守好规矩，自觉坚持党的领导，自觉同党中央保持高度一致，自觉维护党中央权威"①；大局意识，就是"要在指导思想和路线方针政策以及关系全局的重大原则问题上，全党必须在思想上政治上行动上同党中央保持高度一致。……正确处理保证中央政令畅通和立足实际创造性开展工作的关系，任何具有地方特点的工作部署都必须以贯彻中央精神为前提"②；核心意识，就是"要更加紧密地团结在以习近平同志为核心的党中央周围，更加坚定地维护以习近平同志为核心的党中央权威，自觉在思想上政治上行动上同以习近平同志为核心的党中央保持高度一致"③；看齐意识，就是"要经常、主动向党中央看齐，向党的理论和路线方针政策看齐，向党中央决策部署看

① 习近平：《做焦裕禄式的县委书记》，中央文献出版社 2015 年版，第 6 页。

② 中共中央文献研究室：《十八大以来重要文献选编》（上），中央文献出版社 2014 年版，第 132 页。

③ 人民日报特约评论员：《增强"四个意识"维护党中央权威——二论学习贯彻党的十八届六中全会精神》，《人民日报》2016 年 10 月 30 日。

齐，做到党中央提倡的坚决响应、党中央决定的坚决执行、党中央禁止的坚决不做”①。

“‘四个意识’是统一整体，为的都是确保全党方向和立场坚定正确，确保局部和整体协调一致，确保团结和集中统一，确保队伍整齐有力。”②“四个意识”不仅为全面从严治党指明了方向，而且为党员干部修身做人、谋事创业提供了重要遵循。当前，全党只有牢固树立政治意识、大局意识、核心意识、看齐意识，尤其是核心意识、看齐意识，只有增强“四个意识”特别是核心意识、看齐意识，才能有力维护党的团结和集中统一，有效应对党面临的重大挑战和危险，不断开创党和国家事业发展新局面。

党的理论和路线方针政策是党的性质、宗旨的集中反映。党章总纲部分规定：“中国共产党在社会主义初级阶段的基本路线是：领导和团结全国各族人民，以经济建设为中心，坚持四项基本原则，坚持改革开放，自力更生，艰苦创业，为把我国建设成为富强民主文明和谐的社会主义现代化国家而奋斗。”党章第一章党员部分第三条在党员必须履行的义务中明确指出党员要“贯彻执行党的基本路线和各项方针、政策，带头参加改革开放和社会主义现代化建设，带动群众为经济发展和社会进步艰苦奋斗，在生产、工作、学习和社会生活中起先锋模范作用”。党的十八届六中全会公报指出：“党在社会主义初级阶段的基本路线是党和国家的生命线、人民的幸福线。”因而，党的各级组织和全体党员要贯彻落实党的理论和路线方针政策。

党的十八大后，在维护党中央集中统一领导，牢固树立政治意识、大局意识、核心意识、看齐意识，贯彻落实党的理论和路线方针政策方面，总体情况是好的，但仍有一些党组织和党员对党的理论和路线

① 人民日报特约评论员：《增强“四个意识”维护党中央权威——二论学习贯彻党的十八届六中全会精神》，《人民日报》2016年10月30日。

② 人民日报特约评论员：《增强“四个意识”维护党中央权威——二论学习贯彻党的十八届六中全会精神》，《人民日报》2016年10月30日。

方针政策的贯彻落实不到位，自行其是、阳奉阴违，搞上有政策、下有对策，有令不行、有禁不止，政治意识、大局意识、核心意识、看齐意识不强，企图破坏党中央的集中统一，这些行为严重损害党的肌体健康。坚决维护党中央权威、保证全党令行禁止，是党和国家前途命运所系，是全国各族人民根本利益所在。因而，为了保证以民主集中制原则建立起来的中国共产党的执行力，保证党的先进性和纯洁性，党的各级组织和全体党员必须做到令行禁止。

## 三、坚持民主集中制，严肃党内政治生活，贯彻党员个人服从党的组织，少数服从多数，下级组织服从上级组织，全党各个组织和全体党员服从党的全国代表大会和中央委员会原则情况

党章第二章党的组织制度部分第十条明确规定了党的民主集中制的六项基本原则，即“党员个人服从党的组织，少数服从多数，下级组织服从上级组织，全党各个组织和全体党员服从党的全国代表大会和中央委员会”；“党的各级领导机关，除它们派出的代表机关和在非党组织中的党组外，都由选举产生”；“党的最高领导机关，是党的全国代表大会和它所产生的中央委员会。党的地方各级领导机关，是党的地方各级代表大会和它们所产生的委员会。党的各级委员会向同级的代表大会负责并报告工作”；“党的上级组织要经常听取下级组织和党员群众的意见，及时解决他们提出的问题。党的下级组织既要向上级组织请示和报告工作，又要独立负责地解决自己职责范围内的问题。上下级组织之间要互通情报、互相支持和互相监督。党的各级组织要按规定实行党务公开，使党员对党内事务有更多的了解和参与”；“党的各级委员会实行集体领导和个人分工负责相结合的制度。凡属重大问题都要按照集体领导、民主集中、个别酝酿、会议决定的原则，由党的委员会集体讨论，作出决定；委员会成员要根据集体的决定和分

工，切实履行自己的职责”；“党禁止任何形式的个人崇拜。要保证党的领导人的活动处于党和人民的监督之下，同时维护一切代表党和人民利益的领导人的威信”。

中国共产党是按照民主集中制原则建立起来的马克思主义政党，民主集中制是党的根本组织原则。90 多年来，党栉风沐雨、历经坎坷，在这一过程中，组织严密是党不断从胜利走向胜利的重要保证。民主集中制保证了党的凝聚力、号召力和战斗力，巩固了党的团结和统一，所以，党的各级组织和全体党员必须坚持民主集中制。

《关于新形势下党内政治生活的若干准则》明确指出：“在长期实践中，我们党坚持把开展严肃认真的党内政治生活作为党的建设重要任务来抓，形成了以实事求是、理论联系实际、密切联系群众、批评和自我批评、民主集中制、严明党的纪律等为主要内容的党内政治生活基本规范。”《关于新形势下党内政治生活的若干准则》规定了严肃党内政治生活的十二个方面，即“坚定理想信念”“坚持党的基本路线”“坚决维护党中央权威”“严明党的政治纪律”“保持党同人民群众的血肉联系”“坚持民主集中制原则”“发扬党内民主和保障党员权利”“坚持正确选人用人导向”“严格党的组织生活制度”“开展批评和自我批评”“加强对权力运行的制约和监督”“保持清正廉洁的政治本色”。

开展严肃认真的党内政治生活，是我们党的优良传统和政治优势。正如《关于新形势下党内政治生活的若干准则》所指出的：“新形势下，党内政治生活状况总体是好的。同时，一个时期以来，党内政治生活中也出现了一些突出问题，主要是：在一些党员、干部包括高级干部中，理想信念不坚定、对党不忠诚、纪律松弛、脱离群众、独断专行、弄虚作假、庸懒无为，个人主义、分散主义、自由主义、好人主义、宗派主义、山头主义、拜金主义不同程度存在，形式主义、官僚主义、享乐主义和奢靡之风问题突出，任人唯亲、跑官要官、买官卖官、拉票贿选现象屡禁不止，滥用权力、贪污受贿、腐化堕落、违法乱纪等现象滋生蔓延。特别是高级干部中极少数人政治野心膨胀、权欲熏心，搞阳奉阴违、结党营私、团团伙伙、拉帮结派、谋取权位等政治阴谋活动。这些问题，严重侵蚀党的思想道德基础，严重破坏党的团结和集中统一，严重损害党内政治生态和党的形象，严重影响党和人民事业发展。”因而，为了巩固党的团结和集中统一、保持党的先进性和纯洁性，党的各级组织和全体党员必须严肃党内政治生活。

党的十八届六中全会公报指出：“民主集中制是党的根本组织原则，是党内政治生活正常开展的重要制度保障。”而在党的民主集中制的六项基本原则当中，“党员个人服从党的组织，少数服从多数，下级组织服从上级组织，全党各个组织和全体党员服从党的全国代表大会和中央委员会”是首要的原则，也是党最基本的组织原则，也是衡量是否与党同心同德的首要体现。党的下级组织和党员是否坚持了民主集中制和严肃了党内政治生活，首先要看有没有贯彻这一原则。

## 四、落实全面从严治党责任，严明党的纪律特别是政治纪律和政治规矩，推进党风廉政建设和反腐败工作情况

《中国共产党问责条例》第四条明确指出：“党的问责工作是由党组织按照职责权限，追究在党的建设和党的事业中失职失责党组织和党的领导干部的主体责任、监督责任和领导责任。问责对象是各级党委（党组）、党的工作部门及其领导成员，各级纪委（纪检组）及其领导成员，重点是主要负责人。”党要管党，才能管好党；从严治党，才能治好党。管党治党责任是党的各级组织和党的领导干部最根本的政治责任，不明确责任，不落实责任，不追究责任，从严治党是做不到的。因而，为了把全面从严治党落到实处，为了使党的各级组织和党的领导干部牢固树立不管党治党就是严重失职的观念，必须落实全面从严治党责任。

习近平同志在十八届中央纪委五次全会上的讲话中指出：“党章是

全党必须遵循的总章程，也是总规矩。党的纪律是刚性约束，政治纪律更是全党在政治方向、政治立场、政治言论、政治行动方面必须遵守的刚性约束。国家法律是党员、干部必须遵守的规矩。党在长期实践中形成的优良传统和工作惯例也是重要的党内规矩。纪律是成文的规矩，一些未明文列入纪律的规矩是不成文的纪律；纪律是刚性的规矩，一些未明文列入纪律的规矩是自我约束的纪律。我们党在长期实践中形成的优良传统和工作惯例，经过实践检验，约定俗成、行之有效，需要全党长期坚持并自觉遵循。”① “在党的全部纪律中，政治纪律是打头、管总的”，“不管违反哪方面纪律，任其发展，最终都会侵蚀党的执政基础，破坏的都是党的政治纪律”。② “遵守党的政治纪律，最核心的，就是坚持党的领导，坚持党的基本理论、基本路线、基本纲领、基本经验、基本要求，同党中央保持高度一致，自觉维护中央权威。在指导思想和路线方针政策以及关系全局的重大原则问题上，全党必须在思想上政治上行动上同党中央保持高度一致。”③ 纪律严明是党的光荣传统和独特优势，一段时间以来，严明党的纪律特别是政治纪律和政治规矩总体情况是好的，但也出现了一些突出问题，习近平同志在党的十八届四中全会第二次全体会议上将这些问题集中概括为“七个有之”，即“搞任人唯亲、排斥异己的有之，搞团团伙伙、拉帮结派的有之，搞匿名诬告、制造谣言的有之，搞收买人心、拉动选票的有之，搞封官许愿、弹冠相庆的有之，搞自行其是、阳奉阴违的有之，搞尾大不掉、妄议中央的有之”④。因而，对于一个拥有 8800 多万党员的大党，如果没有铁的纪律，就难以确保全党统一意志、统

---

① 习近平：《在十八届中央纪委五次全会上的讲话》，《人民日报》2015 年 1 月 14 日。

② 本报评论员：《坚持把政治纪律排在首要位置——四论把党纪党规的笼子扎得更紧》，《人民日报》2015 年 10 月 25 日。

③ 中共中央文献研究室：《十八大以来重要文献选编》（上），中央文献出版社 2014 年版，第 132 页。

④ 中共中央纪律检查委员会、中共中央文献研究室：《习近平关于党风廉政建设和反腐败斗争论述摘编》，中央文献出版社、中国方正出版社 2015 年版，第 50 页。

一行动、步调一致前进。形势越复杂，肩负的任务越艰巨，党就越需要保持执政党的团结统一，越需要巩固党的凝聚力和战斗力。要达到这个目的，党的各级组织和全体党员必须要严明党的纪律特别是政治纪律和政治规矩。

《关于实行党风廉政建设责任制的规定》第二章责任内容部分第七条明确规定了领导班子、领导干部在党风廉政建设中承担的八项领导责任，即“贯彻落实党中央、国务院以及上级党委（党组）、政府和纪检监察机关关于党风廉政建设的部署和要求，结合实际研究制定党风廉政建设工作计划、目标要求和具体措施，每年召开专题研究党风廉政建设的党委常委会议（党组会议）和政府廉政建设工作会议，对党风廉政建设工作任务进行责任分解，明确领导班子、领导干部在党风廉政建设中的职责和任务分工，并按照计划推动落实”；“开展党性党风党纪和廉洁从政教育，组织党员、干部学习党风廉政建设理论和法规制度，加强廉政文化建设”；“贯彻落实党风廉政法规制度，推进制度创新，深化体制机制改革，从源头上预防和治理腐败”；“强化权力制约和监督，建立健全决策权、执行权、监督权既相互制约又相互协调的权力结构和运行机制，推进权力运行程序化和公开透明”；“监督检查本地区、本部门、本系统的党风廉政建设情况和下级领导班子、领导干部廉洁从政情况”；“严格按照规定选拔任用干部，防止和纠正选人用人上的不正之风”；“加强作风建设，纠正损害群众利益的不正之风，切实解决党风政风方面存在的突出问题”；“领导、组织并支持执纪执法机关依纪依法履行职责，及时听取工作汇报，切实解决重大问题”。

党风廉政建设和反腐败工作事关党的生死存亡，一段时间以来，党在推进党风廉政建设和反腐败工作方面，总体情况是好的，但也存在管党治党失之于宽、失之于松、失之于软的问题。因而，党的各级组织和全体党员只有意识到了必须毫不动摇狠下决心推进党风廉政建设和反腐败工作，刮骨疗毒，坚持纪律面前一律平等，执行纪律没有例外，把纪律挺在前面，才能真正营造由不敢腐向不能腐、不想腐转变的环境，推动由不敢腐向不能腐、不想腐的转变。

## 五、落实中央八项规定精神，加强作风建设，密切联系群众，巩固党的执政基础情况

2012 年 12 月 4 日，中央政治局召开会议审议了中央政治局关于改进工作作风、密切联系群众的八项规定，即“要改进调查研究，到基层调研要深入了解真实情况，总结经验、研究问题、解决困难、指导工作，向群众学习、向实践学习，多同群众座谈，多同干部谈心，多商量讨论，多解剖典型，多到困难和矛盾集中、群众意见多的地方去，切忌走过场、搞形式主义；要轻车简从、减少陪同、简化接待，不张贴悬挂标语横幅，不安排群众迎送，不铺设迎宾地毯，不摆放花草，不安排宴请”；“要精简会议活动，切实改进会风，严格控制以中央名义召开的各类全国性会议和举行的重大活动，不开泛泛部署工作和提要求的会，未经中央批准一律不出席各类剪彩、奠基活动和庆祝会、纪念会、表彰会、博览会、研讨会及各类论坛；提高会议实效，开短会、讲短话，力戒空话、套话”；“要精简文件简报，切实改进文风，没有实质内容、可发可不发的文件、简报一律不发”；“要规范出访活动，从外交工作大局需要出发合理安排出访活动，严格控制出访随行人员，严格按照规定乘坐交通工具，一般不安排中资机构、华侨华人、留学生代表等到机场迎送”；“要改进警卫工作，坚持有利于联系群众的原则，减少交通管制，一般情况下不得封路、不清场闭馆”；“要改进新闻报道，中央政治局同志出席会议和活动应根据工作需要、新闻价值、社会效果决定是否报道，进一步压缩报道的数量、字数、时长”；“要严格文稿发表，除中央统一安排外，个人不公开出版著作、讲话单行本，不发贺信、贺电，不题词、题字”；“要厉行勤俭节约，严格遵守廉洁从政有关规定，严格执行住房、车辆配备等有关工作和

生活待遇的规定”。

领导干部特别是高级干部作风如何，对党风政风乃至整个社会风气具有重要影响。为了以良好党风带动政风民风，保持党在群众中的良好形象，领导干部特别是高级干部必须落实中央八项规定精神，以上率下。

《中共中央关于加强和改进党的作风建设的决定》指出：“作风建设是党的建设的重要组成部分。我们党历来高度重视作风建设，在长期革命和建设的实践中，形成并坚持发扬了理论联系实际、密切联系群众、批评与自我批评等优良作风。”党的作风是党的形象，关系人心向背，关系党和人民事业成败。党的优良作风是党的工人阶级先锋队性质和全心全意为人民服务宗旨的体现，是中国共产党区别于其他政党的显著标志，也是党千锤百炼更坚强的重要原因。一段时间以来，党的作风建设总体情况是好的，但在一些方面也出现了突出问题，集中表现为“四风”问题（即形式主义、官僚主义、享乐主义和奢靡之风）。“四风”问题严重破坏了党同人民群众的关系，影响了党在人民群众中的良好形象。当前，执政党如果不注重作风建设，听任不正之风侵蚀党的肌体，最终就会失去民心，丧失政权。因而，为了提高拒腐防变和抵御风险能力，党的各级组织和全体党员必须加强作风建设。

《中共中央关于加强和改进党的作风建设的决定》指出：“密切联系群众是党的优良作风和政治优势。一切为了群众，一切依靠群众，从群众中来，到群众中去，集中起来，坚持下去，是党的根本工作路线。”我们党来自人民，代表中国最广大人民的根本利益。人民群众是党的执政基础，失去人民群众的拥护和支持，党就会失去根基。我们党的最大政治优势是密切联系群众，党执政后的最大危险是脱离群众。当前，党的组织和党员领导干部贯彻落实党的群众路线总体情况是好的，在联系服务人民群众方面做了大量富有成效的工作，但脱离群众的现象在一定范围内依然存在。因而，为了时刻与群众打成一片，赢得人民群众的信任和拥护，把党的方针政策落到实处，坚定不移地维护和实现最广大人民的根本利益，党的各级组织和全体党员必须广泛深入地联系群众。

宪法第一章总纲部分第一条明确指出："中华人民共和国是工人阶级领导的、以工农联盟为基础的人民民主专政的社会主义国家。"党的十六大报告指出："包括知识分子在内的工人阶级，广大农民，始终是推动我国先进生产力发展和社会全面进步的根本力量。在社会变革中出现的民营科技企业的创业人员和技术人员、受聘于外资企业的管理技术人员、个体户、私营企业主、中介组织的从业人员、自由职业人员等社会阶层，都是中国特色社会主义事业的建设者。"中国共产党作为执政党，广大人民群众是党的执政基础。基础不牢，地动山摇。群众是执政党执掌好国家政权所必须团结和依靠的力量，党的群众基础关系党的执政地位的稳固与否，关系党的前途和命运，关系社会主义现代化建设事业的兴衰成败。因而，党的各级组织和全体党员必须时刻不忘巩固党的执政基础。

## 六、坚持党的干部标准，树立正确选人用人导向，执行干部选拔任用工作规定情况

《党政领导干部选拔任用工作条例》第二章选拔任用条件部分第七条明确规定了党政领导干部应当具备的六项基本条件，即"自觉坚持以马克思列宁主义、毛泽东思想、邓小平理论、'三个代表'重要思想和科学发展观为指导，努力用马克思主义立场、观点、方法分析和解决实际问题，坚持讲学习、讲政治、讲正气，思想上、政治上、行动上同党中央保持高度一致，经得起各种风浪考验"；"具有共产主义远大理想和中国特色社会主义坚定信念，坚决执行党的基本路线和各项方针政策，立志改革开放，献身现代化事业，在社会主义建设中艰苦创业，树立正确政绩观，做出经得起实践、人民、历史检验的实绩"；"坚持解放思想，实事求是，与时俱进，求真务实，认真调查研

究，能够把党的方针政策同本地区本部门实际相结合，卓有成效开展工作，讲实话，办实事，求实效，反对形式主义”；“有强烈的革命事业心和政治责任感，有实践经验，有胜任领导工作的组织能力、文化水平和专业知识”；“正确行使人民赋予的权力，坚持原则，敢抓敢管，依法办事，清正廉洁，勤政为民，以身作则，艰苦朴素，勤俭节约，密切联系群众，坚持党的群众路线，自觉接受党和群众批评和监督，加强道德修养，讲党性、重品行、作表率，带头践行社会主义核心价值观，做到自重、自省、自警、自励，反对官僚主义，反对任何滥用职权、谋求私利的不正之风”；“坚持和维护党的民主集中制，有民主作风，有全局观念，善于团结同志，包括团结同自己有不同意见的同志一道工作”。

为政之要，惟在得人。“得人”，关键是要选拔得到党和人民需要的“人”。只有明确了党的干部标准，党的干部选拔任用工作才会依据清晰，才能真正把党和人民需要的人选拔出来和进行任用。

《党政领导干部选拔任用工作条例》第一章总则部分第二条明确规定了选拔任用党政领导干部必须坚持的七项原则，即“党管干部原则”，“五湖四海、任人唯贤原则”，“德才兼备、以德为先原则”，“注重实绩、群众公认原则”，“民主、公开、竞争、择优原则”，“民主集中制原则”，“依法办事原则”。选人用人导向是干部工作的风向标定向仪。不正之风和不良偏向是选人用人的毒瘤、隐患，只有树立了正确选人用人导向，才能防范和纠正党的组织和领导干部在选人用人上的不正之风和不良偏向。

《党政领导干部选拔任用工作条例》规定了党政干部选拔任用工作的要求，只有严格执行《党政领导干部选拔任用工作条例》，坚持党的干部标准，树立正确选人用人导向，才能从源头上预防和治理选人用人不正之风，才能真正使优秀人才脱颖而出，才能建设一支信念坚定、为民服务、勤政务实、敢于担当、清正廉洁的高素质党政领导干部队伍，最终保证党的基本路线全面贯彻执行和中国特色社会主义事业顺利发展。

## 七、廉洁自律、秉公用权情况

《中国共产党廉洁自律准则》分别明确规定了党员和党员领导干部廉洁自律规范。在党员廉洁自律规范部分，要求党员“坚持公私分明，先公后私，克己奉公”；“坚持崇廉拒腐，清白做人，干净做事”；“坚持尚俭戒奢，艰苦朴素，勤俭节约”；“坚持吃苦在前，享受在后，甘于奉献”。这四项规范，针对全体党员，包括领导干部。但对领导干部来说，仅仅做到这四条还不够，还必须再做到四条，即：“廉洁从政，自觉保持人民公仆本色”；“廉洁用权，自觉维护人民根本利益”；“廉洁修身，自觉提升思想道德境界”；“廉洁齐家，自觉带头树立良好家风”。

正如党的十八届六中全会公报指出的：“建设廉洁政治，坚决反对腐败，是加强和规范党内政治生活的重要任务。”为了加强和规范党内政治生活，从源头上预防腐败的发生，推动党员、党员领导干部带头践行社会主义核心价值观，推动党员、党员领导干部讲修养、讲道德、讲诚信、讲廉耻，必须对党员、党员领导干部提出明确的廉洁自律要求。

秉公用权是指权为民所用。党的十八届六中全会公报指出：“各级领导干部是人民公仆，没有搞特殊化的权利，要带头执行廉洁自律准则，自觉同特权思想和特权现象作斗争，注重家庭、家教、家风，教育管理好亲属和身边工作人员。禁止利用职权或影响力为家属亲友谋求特殊照顾，禁止领导干部家属亲友插手领导干部职权范围内的工作、插手人事安排。”党的各级领导干部只有谨慎用权，让权力在阳光下运行，实现权力运行公开化、规范化，把秉公用权内化于心、外化于行，才能永葆共产党人的政治本色。

## 八、完成党中央和上级党组织部署的任务情况

中国共产党是按照民主集中制原则组织起来的统一整体。《中国共

产党地方委员会工作条例》第三章职责部分第九条明确规定了党的地方委员会应当“制定贯彻执行党中央和上级党组织决策部署以及同级党代表大会决议、决定的重大措施”。

党章第二章党的组织制度部分第十条明确指出，“党的最高领导机关，是党的全国代表大会和它所产生的中央委员会”，“全党各个组织和全体党员服从党的全国代表大会和中央委员会”；第三章党的中央组织部分第二十一条明确指出，“在全国代表大会闭会期间，中央委员会执行全国代表大会的决议，领导党的全部工作”。因而，党中央部署的任务是全党意志的体现。党中央部署任务是为了保证党的全国代表大会通过的决议得到不折不扣地贯彻执行。党中央通过部署任务来对全党工作进行统一安排，把握全党工作的全局；党中央通过部署任务来把握全党工作的方向性，保证党和人民的意志落到实处。因而，党的各级组织和全体党员要完成党中央部署的任务。

党章第二章党的组织制度部分第十条明确指出：“下级组织服从上级组织。”党中央部署的任务是从党的工作全局出发而开展的，具有根本性、宏观性和基础性。上级党组织服从党中央对全党工作的统一安排，结合本地区、本单位具体实际情况而对本地区、本单位工作进行统一部署，目的在于保证党中央的决策部署得到切实执行，保证与上级党组织同级的党的代表大会通过的决议得到不折不扣地贯彻落实。上级党组织通过部署任务，对本地区、本单位党的全局工作进行统一安排，把握本地区、本单位工作的方向性和本地区、本单位工作的全局。上级党组织部署的任务充分反映了中央的要求、同级党的代表大会的决议、上一级党组织的考虑和本地方本单位的实际。因而，下级党组织要完成上级党组织部署的任务。

明确规定党内监督的上述 8 项内容，是对十八大以来全面从严治党经验深刻总结的结果。早在 2016 年 1 月 12 日，习近平同志在中纪委六次全会上的讲话中指出：“全面从严治党，核心是加强党的领导，基础在全面，关键在严，要害在治。‘全面’就是管全党、治全党，面向 8700 多万党员、430 多万个党组织，覆盖党的建设各个领域、各个方面、各个部门，重点是抓住‘关键少数’。‘严’就是真管真严、敢管敢严、长管长严。‘治’就是从党中央到省市县党委，从中央部委、国家机关部门党组（党委）到基层党支部，都要肩负起主体责任，党委书记要把抓好党建当作分内之事、必须担当的职责；各级纪委要担负起监督责任，敢于瞪眼黑脸，勇于执纪问责。”① 习近平同志的这一重要论述，深刻阐释了全面从严治党的新内涵和新要求。纵观党内监督的主要内容，都与十八大以来全面从严治党成功实践有着紧密联系。

一是党内监督的主要内容充分体现了全面从严治党要求的“加强党的领导”、“全面”、“严”和“治”。例如，“遵守党章党规，坚定理想信念，践行党的宗旨，模范遵守宪法法律情况”；“维护党中央集中统一领导，牢固树立政治意识、大局意识、核心意识、看齐意识，贯彻落实党的理论和路线方针政策，确保全党令行禁止情况”；“坚持民主集中制，严肃党内政治生活，贯彻党员个人服从党的组织，少数服从多数，下级组织服从上级组织，全党各个组织和全体党员服从党的全国代表大会和中央委员会原则情况”；“完成党中央和上级党组织部署的任务情况”等都体现了全面从严治党对“加强党的领导”的要求。

党内监督八个方面的主要内容是面向党的各级组织和全体党员的，不仅涵盖了党的思想建设、组织建设、作风建设、反腐倡廉建设和制度建设各个领域，也涉及到了党的政治纪律、组织纪律、廉洁纪律、群众纪律、工作纪律、生活纪律等，体现了全面从严治党对“全面”的要求。“落实全面从严治党责任，严明党的纪律特别是政治纪律和政治规矩，推进党风廉政建设和反腐败工作情况”；“落实中央八项规定精神，加强作风建设，密切联系群众，巩固党的执政基础情况”；“廉洁自律、秉公用权情况”等都体现了全面从严治党对“严”的要求，

① 习近平：《在第十八届中央纪律检查委员会第六次全体会议上的讲话》，《人民日报》2016 年 5 月 3 日。

也体现了全面从严治党对“治”的要求。

二是全面从严治党以党内监督的主要内容为重要抓手。全面从严治党在现阶段面临一些亟待解决的问题，而党内监督的主要内容正好是对这些关键问题的针对性回应。在全面从严治党的过程中，“加强党的领导”是从维护党的集中统一讲的，全面从严治党首先要从维护党的集中统一着眼；“全面”是从广度上讲的，全面从严治党要针对党的各级组织和全体党员，要涉及党的建设各个方面；“严”是从深度上讲的，在全面从严治党的过程中，要用严格的标准，要扎牢制度的笼子等；“治”是从问题层面上讲的，即全面从严治党要坚持问题导向，注重务实管用，党的各级组织和党的领导干部也都要有责任意识。而党内监督主要内容的八个方面充分体现了全面从严治党的上述要求，因而，党内监督的主要内容作为全面从严治党的重要抓手而出现。

# 专题三 党内监督的重点

《条例》明确规定："党内监督的重点对象是党的领导机关和领导干部特别是主要领导干部。"这一规定，是深刻总结中国历史上治国治吏的经验、借鉴国外发达国家治国治吏的经验，总结中国共产党在改革发展历史进程中的治国治党治吏经验，尤其是党的十八大以来全面从严治党的新鲜经验，推进全面从严治党的制度成果。突出"党的领导机关和领导干部特别是主要领导干部"是党内监督的重点对象，是《条例》一大鲜明特色。全面从严治党既要确保党内监督没有禁区、没有例外，更要抓重点，抓"关键少数"和"关键少数"中的"关键少数"。

## 一、党内监督的对象

党内监督的对象包括党的各级组织和全体党员。也就是说，一切党的组织和党员既是监督者，又是被监督者。党的各级组织和全体党员在行使监督权利的同时，也要履行接受监督义务。党章规定："上下级组织之间要互通情报、互相支持和互相监督。""不允许有任何不参加党的组织生活，不接受党内外群众监督的特殊党员"。

党内监督的重点对象是党的领导机关和领导干部，特别是主要领导干部。

### （一）党的领导机关

党的领导机关，是指党的各级代表大会和它们所产生的委员会。中国共产党是一个组织严密的政党，党的组织体系自上而下有中央组织、地方组织、基层组织，各级党的组织都有其相应的领导机关。党的领导机关具体包括：从中央、地方到基层党的代表大会（基层也可以是党员大会）及其选举产生的委员会；党中央及地方党委派出的代表机关；中央和地方党委在非党组织中设立的党组；中央和地方各级纪律检查委员会。

根据党章规定："党的最高领导机关是党的全国代表大会和它所产生的中央委员会。党的地方各级领导机关，是党的地方各级代表大会和它们所产生的委员会。党的各级委员会向同级的代表大会负责并报告工作。"

党的领导机关是领导集体。党的每一级领导机关，都是领导集体，都不是少数几个人，更不是书记个人，而是同级党员大会或代表大会及其产生的委员会。

党的领导机关由选举产生。党章规定："党的各级领导机关，除它们派出的代表机关和在非党组织中的党组外，都由选举产生。"由选举产生，这是党的领导机关的重要特点，是民主集中制的具体体现。党的各级领导机关的选举原则和办法是：基层党员大会或党员代表大会选举产生党的委员会和出席上一级党的代表大会的代表，委员会全体会议选举产生书记、副书记。党的地方各级代表大会选举产生同级党的委员会，选举同级党的纪律检查委员会，选举出席上级党的代表大会的代表；党的地方各级委员会全体会议，选举产生常务委员会和书记、副书记。党的全国代表大会，选举产生中央委员会，选举产生中央纪律检查委员会；中央委员会全体会议，选举产生中央政治局、中央政治局常务委员会、中央委员会总书记；中央书记处是中央政治局和它的常务委员会的办事机构，成员由中央政治局常务委员会提名，中央委员会全体会议通过。

党委不是权力的所有者，而是权力的受托者。各级党委都是由选举产生的，其权力都是党员大会或党员代表大会委托授予的。党委必须向党员大会或党员代表大会负责，接受其监督，在其闭会期间，执行其决议，而不能代替党员大会或党员代表大会，更不能把党员大会或代表大会置于自己的领导之下。在一些设有常务委员会的党的委员会，不能以常务委员会代替委员会，代替代表大会，要不断增强全委会作为领导机关的作用。党的常务委员会作出的重大决定，在必要时必须经过全委会追认。

党委的工作部门、直属机构也应成为党内监督的重点对象。党内选举是有边际的，党委的工作部门、直属机构等不由选举产生，其主要负责人的确定，是党内工作分工的结果。党委的工作部门、直属机构，承担着党委的重要职能和主要日常工作，拥有很大的实际权力，也应当作为党内监督的重点对象来进行党内监督。

党的基层组织的领导机关是总支部委员会、党的支部委员会。

### （二）党员领导干部

党员领导干部是相对于普通党员和党的普通干部而言的拥有共产党员身份的领导干部，主要包括党政机关中的党员领导干部，国企中的党员领导干部和事业单位中的党员领导干部三种类型。

第一类：党政机关中的党员领导干部。包括党的机关、人大机关、行政机关、政协机关、审判机关、检察机关、各民主党派和工商联机关以及参照公务员法管理单位中担任各级领导职务和副调研员以上非领导职务的中共党员。

第二类：国企中的“党员领导干部”。包括大型、特大型国有和国有控股企业（含国有和国有控股金融企业）中层以上领导人员，中型以下国有和国有控股企业（含国有和国有控股金融企业）领导班子，这些企业中其他相当于县处级以上层次的中共党员。

第三类：事业单位的“党员领导干部”。包括事业单位（未参照公务员法管理）领导班子和其他六级以上管理岗位的中共党员。

已退出上述领导职务但尚未办理退休手续的，也属“党员领导干部”范围。

其中，主要领导干部通常指各级“一把手”。具体指地方各级党委、政府、审判机关、检察机关，中央和地方各级党政工作部门、事业单位和人民团体等单位的党委（党组、党工委）正职领导干部和行政正职党员领导干部。

高级领导干部一般是指党和国家机关及人民团体中副省、部级以上干部，包括离退休后享受副省、部级以上待遇的干部。

## 二、既是对领导集体的监督，又是对领导个人的监督

党内监督不仅要加强对领导集体的监督，而且要加强对领导个人的监督。《条例》明确规定：“党内监督的重点对象是党的领导机关和领导干部特别是主要领导干部。”这主要包含三层意思：

第一，党的各级组织都要受到监督，其中党的各级领导机关是重点。也就是说从党的中央到基层的各级领导机关都是党内监督的重点。

第二，全体党员都要接受监督，其中领导干部是监督重点。党的领导干部由于地位高、权力大、责任重，在党内的各项决策和活动中具有举足轻重的作用，因而是党内监督对象的重点。

第三，党的主要领导干部，也就是我们通常说的“一把手”，因其地位的特殊重要性，是党内监督对象的“重中之重”。

根据党的民主集中制的根本领导原则和组织原则，中国共产党实行集体领导和个人分工负责相结合的制度。凡属重大问题都要按照集体领导、民主集中、个别酝酿、会议决定的原则，由党的委员会集体讨论，作出决定；委员会成员要根据集体的决定和分工，切实履行自己的职责。确保各级党组织和党的领导干部做到发扬民主、善于集中、敢于担当。坚决防止和克服名为集体领导、实际上个人或少数人说了算的现象发生；坚决防止和克服名为集体负责、实际上无人负责的现象发生，确保党内监督真正落到实处。

明确监督对象和监督重点对象，对于党内监督的有效性至关重要。从某种意义上说，如果不明确监督对象，监督就无从做起；如果不明确监督重点对象，监督效力就会大打折扣。把党的领导机关和领导干部特别是主要领导干部作为党内监督的重点对象，就是要确保实现对权力的有效监督，确保党的领导机关和领导干部能够真正代表和正确行使人民群众赋予的权力。

加强对党的领导机关和领导干部特别是主要领导干部的监督，要确保权力与责任的一致。做到"有权必有责、用权必担责、滥权必追责"。首先，有权必有责。任何权力都有相应的责任，有责任就得履行责任。不能只要权力不负责任，要坚决反对领导干部不作为现象。其次，用权必担责。谁用权，谁就要对用权的结果承担责任，什么时候用权就要对什么时候的用权承担责任，在什么事情上用权就要对什么事情承担责任。不能只用权不承担责任。再次，滥权必追责。要坚决反对以权谋私，坚决反对任性使用权力，坚决反对超出职权范围使用权力的滥权行为。确保权力依法合理为人民服务。

## 三、明确监督重点的缘由

《条例》明确把"党的领导机关和领导干部特别是主要领导干部"作为党内监督的重点对象，这是由党的领导机关和领导干部的重要地位和作用决定的，是由党内监督的实质决定的，是由十八大以来全面从严治党的要求决定的。

### （一）党的领导机关和领导干部的重要地位和作用

1. 领导机关的重要地位和作用

党的领导机关担负着领导党和国家的重要任务，不仅在党内，而且在整个国家的政治生活中都有重要地位和作用。

党的各级领导机关承担着全党各级组织全部的领导任务，在全党各级组织当中都处于统筹全局的位置。党的各级代表大会和它们所产生的委员会都是该级党组织的中枢，对于该级党组织的全部工作起到领导作用。

党的全国代表大会和它所产生的中央委员会是党的最高权力机关。在全国代表大会闭幕期间，中央委员会执行全国代表大会的决议，领导党的全部工作，对外代表中国共产党。党的中央委员会的主要任务是就政治经济文化社会生态、内政外交国防、治党治国治军等各方面的重大问题作出决策，执行党的路线、方针、政策，推荐人选出任最高国家政权机关的领导职务，对各方面的工作实行政治领导。

党的地方各级委员会，在党的地方各级代表大会闭会期间，承担着本地区党的全部工作的领导责任。一是承担着本地区贯彻落实党的路线方针政策，上级党组织的决议决定以及工作部署的任务；二是承担着对本地区的改革发展稳定等重大问题作出决策的任务；三是向同级国家机关推荐重要干部的任务；四是抓好本地区党的建设的任务，包括本地区党的思想建设、组织建设、作风建设、制度建设和反腐倡廉建设等各方面建设的任务；五是领导和协调本地区各种组织的活动的任务，确保党对政权机关、人民团体、群众组织、社会组织实施统一领导，充分发挥各种组织的积极性主动性创造性，促进本地区的经济社会发展。主要是协调好人大、政府、政协、法院、检察院、工会、共青团、妇联、学联、文联等组织的活动。在新的历史条件下，加强对新经济组织和新社会组织活动的正确引导，也是地方党的领导机关的重要任务。党的基层委员会同样也在基层社会中处于中心地位，承担着相应的责任和任务。

党的领导机关在国家政治生活当中的领导地位决定了它们应该成为党内监督的重点对象。

2. 领导干部的重要地位和作用

作为“关键少数”，各级领导干部是我们党执政的骨干力量，是党和人民权力的具体掌握者，在推进党和国家各项事业、管好班子、带好队伍方面起着决定性作用。我们党的历史经验表明，只要领导干部能够率先垂范，以身作则，就能对所在地方或部门产生良好的引领作用；反之，如果领导干部带头违纪违法，那么就会对身边干部群众造成不良影响，给党和人民的事业带来重大损失。

3. 主要领导干部的重要地位和作用

主要领导干部，也就是我们通常所说的“一把手”。加强对党的领导干部的监督，“一把手”是“重中之重”，“关键中的关键”。《条例》把主要领导干部作为党内监督的“重中之重”，有其深刻的原因。

第一，主要领导干部掌握的权力大。“一把手”身居要位、肩负全局，是党政领导集体的“班长”，是一个地方和部门贯彻中央大政方针和地方党委政府重要决策的第一责任人，对带领领导班子切实贯彻中央精神至关重要。虽然我们党实行集体领导和个人分工负责相结合的原则作为党内议事决事的主要原则，但“一把手”作用突出。“一把手”在班子里的意见往往能取得多数班子成员的支持，直接决定路线、方针、政策的贯彻执行，决定重要干部的任免，重大项目的取舍，重大资金的使用，重大财产归属的认定等。

第二，主要领导干部承担的责任重。“一把手”是一个地区、部门、单位等的掌舵者，对所在地区、部门、单位等负有全面责任。《条例》明确指出：“党委（党组）在党内监督中负主体责任，书记是第一责任人，党委常委会委员（党组成员）和党委委员在职责范围内履行监督责任。”加强对主要领导干部的监督，就是要让他们切实履行好自身职责，不负党和人民的重托。

第三，主要领导干部出问题的可能性更大。与一般公职人员相比，主要领导干部地位重要、位置特殊，拥有人、财、物等各种资源的管理权、分配权、使用权，经受的诱惑考验更多，犯错误甚至犯罪的机会更大。

第四，主要领导干部缺乏监督造成的危害大。“欲影正者端其表，欲下廉者先之身。”如果“一把手”腐败，班子成员就很难做到干净，塌方式腐败就更容易出现。一把手“一言堂”，独断专行，领导班子就很难做到党内民主。

### （二）党内监督的实质是对权力的约束

把领导干部作为党内监督的重点对象，是由党内监督的实质决定的。党内监督的实质是对权力的约束。领导干部手中掌握的一切权力，都是人民赋予的，都是公共权力。权力是一把双刃剑。权力用得好，能够为人民谋福利；权力用不好，就容易导致腐败，给人民造成损失。资产阶级启蒙思想家孟德斯鸠说过：“一切有权力的人都容易滥用权力，这是万古不变的一条经验。”“有权力的人使用权力，一直到遇到有界限的地方才休止。”英国历史学家阿克顿勋爵说过：“权力导致腐败，绝对的权力导致绝对的腐败。”

没有监督和制约的权力造成的后果是极其可怕的。公共权力作为执政党和政府所垄断的稀缺资源，在市场经济没有足够发达和政府监管存在漏洞的情况下，存在着大量的“寻租”机会。因为权力往往实际掌握在少数领导干部手里。所以许多别有用心的人会想方设法接近领导干部，正如习近平同志所言：“各种诱惑、算计都冲着你来，各种讨好、捧杀都对着你去，往往会成为‘围猎’的对象。”在糖衣炮弹的诱惑面前，在疯狂“围猎”之下，很多领导干部如果不能保持清醒，守住底线，很容易就会被俘虏，被不法分子利用，最终滥用了手中的权力。

我们强调对党内监督的重点是党的领导机关和领导干部特别是主要领导干部，主要还是为了监督权力本身，保证其正确使用。党的领导机关和各级领导干部是人民赋予的各方面权力的主要掌管者和行使者，加强对权力的监督，必须重点加强对他们的监督。

### （三）党的十八大以来全面从严治党的经验总结

党的十八大以来全面从严治党的实践证明，一个时期以来党内发生的种种问题，与管党治党宽松软有密切关系。全面从严治党，必须深入总结全面从严治党实践中取得的一系列宝贵经验，从根本上解决主体责任缺失、监督责任缺位、管党治党宽松软的问题，把强化党内监督作为党的建设重要基础性工程，使监督的制度优势充分释放出来，以不断增强我们党自我净化、自我完善、自我革新、自我提高的能力，确保我们党始终成为中国特色社会主义事业的坚强领导核心。

《条例》强调抓住“关键少数”，把十八大以来全面从严治党取得的实践经验上升为制度规定。十八大以来查处的一些高级干部，特别是周永康、薄熙来、郭伯雄、徐才厚、令计划等人，给我们党造成的损害是巨大的，教训是深刻的。所以，无论是推进全面从严治党，还是贯彻《准则》、《条例》，都要从领导干部特别是高级干部抓起。正如习近平同志所讲：“准则稿、条例稿都强调以高级干部为重点，主要考虑是加强党的建设必须抓好领导干部特别是高级干部，而抓好中央委员会、中央政治局、中央政治局常委会的组成人员是关键。把这部分人抓好了，能够在全党作出表率，很多事情就好办了。因此，加强和规范党内政治生活、加强党内监督，必须首先从这部分人抓起。”

# 专题四　党内监督体系

体系，泛指一定范围内或同类的事物按照一定的秩序和内部联系组合而成的整体，是由不同子系统组成的一个系统。党内监督体系指中国共产党内部不同的监督系统共同构成的、能够充分发挥全部监督主体监督作用的一个相互联系、相互补充的整体监督系统。《条例》明确指出党内监督体系包括：党中央统一领导、党委（党组）全面监督、纪律检查机关专责监督、党的工作部门职能监督、党的基层组织日常监督、党员民主监督。这是党中央针对党内监督中长期存在的监督主体比较分散，监督责任不够明晰，监督制度操作性和实效性不强，监督主体各自为战，党内监督的多种方式协调性不够等现象，首次对"党内监督体系"进行的系统阐述，标志着党内完整的问责制度和监督构架的形成，为全面从严治党提供了有力的制度保障和组织保障，彰显了我们党反腐肃贪、标本兼治的信心和决心，是我们党依规治党取得的重大成果。

## 一、党中央统一领导

党中央的统一领导，要求党的中央委员会、中央政治局、中央政治局常务委员会全面领导党内监督工作。中央委员会全体会议每年听取中央政治局工作报告，监督中央政治局工作，部署加强党内监督的重大任务。中央政治局、中央政治局常务委员会定期研究部署在全党开展学习教育，以整风精神查找问题、纠正偏差；听取和审议全党落实中央八项规定精神情况汇报，加强作风建设情况监督检查；听取中央纪律检查委员会常务委员会工作汇报；听取中央巡视情况汇报，在一届任期内实现中央巡视全覆盖。中央政治局每年召开民主生活会，进行对照检查和党性分析，研究加强自身建设措施。党的中央组织带头履行监督职责，这是推动落实全面从严治党的主体责任，强化自上而下监督，提高监督的权威性和有效性的关键所在。党中央的统一领导，充分体现了党中央以上率下，主动担当的高度责任感。

党中央的统一领导，要求中央领导成员以身作则，以上率下，承担监督职责。中央委员会成员必须严格遵守党的政治纪律和政治规矩，发现其他成员有违反党章、破坏党的纪律、危害党的团结统一的行为应当坚决抵制，并及时向党中央报告。对中央政治局委员的意见，署真实姓名以书面形式或者其他形式向中央政治局常务委员会或者中央纪律检查委员会常务委员会反映。中央政治局委员应当加强对直接分管部门、地方、领域党组织和领导班子成员的监督，定期同有关地方和部门主要负责人就其履行全面从严治党责任、廉洁自律等情况进行谈话。

党中央的统一领导，要求中央政治局委员加强自我监督，在全党起到示范和带动作用。党的中央组织在领导监督、开展监督的同时，本身也要接受监督，要求全党做到的，中央委员、中央政治局委员首先要做到。中央政治局委员应当严格执行中央八项规定，自觉参加双重组织生活，如实向党中央报告个人重要事项。带头树立良好家风，加强对亲属和身边工作人员的教育和约束，严格要求配偶、子女及其配偶不得违规经商办企业，不得违规任职、兼职取酬。有权必有责，用权受监督，权力越大，责任越大，影响越大，越要自觉接受监督，起到表率作用。

## 二、党委（党组）全面监督

在党内监督体系中，党委（党组）的监督是全面监督。具体来说，在政治领导上，党中央全面领导党内监督工作，各级党委（党组）领导本地区本部门本单位党内监督工作。在决策部署上，党中央部署加强党内监督的重大任务，各级党委（党组）组织实施各项监督制度。在工作落实上，上级党组织对下级党组织主要负责人经常过问、提醒，发现问题及时纠正。在督促检查上，各级党委（党组）抓好各项监督制度的督促落实，加强对履行党内监督责任和问题整改落实情况的监督检查和报告。

党委（党组）要围绕在党内监督中的主体责任，从加强对党组织主要负责人和关键岗位领导干部的监督、加强日常管理监督、加强巡视监督、严肃党的组织生活制度、坚持党内谈话制度、严格执行干部考察考核制度、领导干部述责述廉、坚持和完善领导干部个人重要事项报告、建立健全领导干部插手干预重大事项记录制度等方面全面明确监督职责和措施。

党委（党组）在党内监督中负主体责任，书记是第一责任人，党委常委会委员（党组成员）和党委委员在职责范围内履行监督职责。

党委（党组）监督要牢牢抓住党组织主要负责人和关键岗位领导干部等“关键少数”，重点监督其政治立场、加强党的建设、从严治党，执行党的决议，公道正派选人用人，责任担当、廉洁自律，落实意识形态工作责任制五种情况。党委（党组）的监督要求重在日常、重在平时、重在工作过程当中。在日常监督检查中要坚持把纪律挺在前面，伸长耳朵、瞪大眼睛，抓早抓小，防微杜渐。

巡视监督是党内监督的重要方式，是十八大以来党内监督的实践证明了的行之有效的监督方式。

巡视主体包括：中央和省、自治区、直辖市党委。这里需要说明的是：第一，巡视由党委实行，非国家机关、企事业单位的职责职权；第二，巡视主体层次非常高，即正省级以上（含正省级），正省级以下无权巡视；第三，巡视主体是党中央与省级党委，而不是省级以上所有党组织。但如果经过中央的同意，部分中央和国家机关可以对所属单位开展内部巡视，按照中央纪委等颁发的《关于部分中央和国家机关对所属单位开展巡视工作的意见（试行）》执行。

巡视的内容包括：党的组织和党的领导干部尊崇党章、党的领导、党的建设和党的路线方针政策落实情况，履行全面从严治党责任、执行党的纪律、落实中央八项规定精神、党风廉政建设和反腐败工作以及选人用人情况。

## 三、纪律检查机关专责监督

纪检机关作为党内监督的专责机关，是监督执纪问责的主体。党的纪律检查委员会，围绕维护党章党规党纪，贯彻执行党的路线方针政策情况，严明党的政治纪律政治规矩，派驻监督，认真处理信访举报、早发现早报告，把好干部选拔任用“党风廉洁意见回复”关，谈话提醒、约谈函询，执纪审查、通报曝光，以及加强对纪律检查机关自身的监督等方面的内容明确监督职责和任务，开展专责监督。2003 年印发的《中国共产党党内监督条例（试行）》规定，党的各级纪律检查委员会是党内监督的专门机关。《条例》将“专门”改为“专责”，虽是一字之差，实则反映了实践的发展和认识的深化，体现了权力与责任的统一，凸显了纪检机关的政治责任和使命担当。监督执纪问责相互联系、相互促进，形成了从发现问题到执行纪律再到责任追究的完整链条，是做好纪律检查工作的“纲”。只有举起这个“纲”，履行好这个“专责”，各级纪委才能真正成为党章党纪的维护者、党的路线方针政策的捍卫者、党风廉洁建设和反腐败斗争的推进者。

监督是纪委的首要职责。《条例》规定纪委主要有三项具体监督任务。在三项具体任务中，首先明确了纪委的监督对象，即同级党委特别是常委会委员、党的工作部门和直接领导的党组织、党的领导干部共四类对象，其中既包括领导机关，也包括领导干部特别是主要领导干部。

第一，把维护党的政治纪律政治规矩放在首位。

把维护党的政治纪律和政治规矩放在首位，任何时候都与党同心同德，始终保持高度的政治敏锐性和政治鉴别力，看得清大势、站得稳立场、辨得清方向。坚决纠正和查处上有政策、下有对策，有令不行、有禁不止，口是心非、阳奉阴违，搞团团伙伙、拉帮结派，欺骗组织、对抗组织五类行为。

第二，发挥派驻监督的优势。

派驻机构是党组织设在被监督单位的“哨兵”和“探头”，必须伸长耳朵、瞪大眼睛，时刻关注干部的思想、工作、作风和生活情况，监督驻在单位领导班子及其成员特别是主要负责人，不断增强发现问题、解决问题的能力，真正发挥“派”的权威和“驻”的优势。派出机关应当加强对派驻纪检组工作的领导，定期约谈被监督单位党组织主要负责人、派驻纪检组组长，督促其落实管党治党责任。派驻纪检组应当带着实际情况和具体问题，定期向派出机关汇报工作，至少每半年会同被监督单位党组织专题研究一次党风廉政建设和反腐败工作。对能发现的问题没有发现是失职，发现问题不报告、不处置是渎职，都必须严肃问责。

第三，加强对纪律检查机关自身的监督。

党内监督没有例外、不留空白，纪检机关作为党内监督的专责机关，作为监督执纪问责的主体，更要受到严格的监督，各级纪检机关要坚持严字当头，把“信任不能代替监督”的理念体现在监督执纪问责的全过程，刀刃向内，自我监督，防止“灯下黑”，建设忠诚干净担当的执纪队伍。发现纪律检查机关及其工作人员有违反纪律问题的，必须严肃处理。各级纪律检查机关必须加强自身建设，健全内控机制，自觉接受党内监督、社会监督、群众监督，确保权力受到严格约束。

## 四、党的工作部门职能监督

工作部门职能监督是指各职能部门就其主管的工作在其职能范围内对本单位、本系统实行的工作监督，它包括部门内部、平行关系和上下级关系的职能部门的监督。职能监督是以业务内容为核心的专项监督。

党的工作部门的职能监督是党内监督的重要内容，具有其他监督无法具备的优势。党的工作部门是党委日常工作的直接承担者，是贯彻落实党的路线、方针、政策和党委决策部署的具体实施者。党的工作部门都有自己的职能分工，一般情况下都是一个职能部门负责党的某一方面的具体工作，对党的某一方面的具体业务更加熟悉，职能监督开展起来也更专业。比如组织部门在选人用人工作方面的监督，包括本级组织部门以及对下级党组织选人用人工作方面的监督；宣传部门对新闻媒体的报道导向以及重大决策等方面的监督；统战部门对党外人士拥护党的路线方针政策等方面的监督等。

党的工作部门要依据党章和有关党内法规规定，把是否贯彻党和国家路线方针政策以及贯彻落实党委重大决策部署作为监督重点，把是否严格执行各项监督制度、是否按照法定程序和要求履行监管职责、是否履行或正确履行职责、是否出现失职渎职错误、是否使公私财产损失或产生不良影响的情况作为监督的重要内容，认真开展监督检查，提出相关建议或者作出处理决定，督促职能部门切实履行法律法规赋予的监管职责。严格执行各项监督制度，既要加强对本部门本单位的内部监督，又要强化对本系统的日常监督。

## 五、党的基层组织日常监督

党的基层组织是党在社会基层组织中的战斗堡垒，是党的全部工作和战斗力的基础，是党组织联系群众的桥梁和纽带，是党组织吸纳新生力量的入口，是党组织规训党员的重要平台，是开展组织生活的场域。党的基层组织与广大党员联系最紧密，最了解党员的思想状况和基层的实际情况，最能发现党内出现的各种问题，最能感知人民群众对党的态度和看法，因而也是开展日常监督的最佳载体。

党章规定，“每个党员不论职务高低，都必须编入党的一个支部，小组或其他特定组织，参加党的组织活动，接受党内外群众监督”，“不允许有任何不参加党的组织生活会、不接受党内外群众监督的特殊党员”。党章的这一规定，表明党的基层组织活动对党员的全覆盖，表明了任何党员都要经常参与党的组织生活，从而为党的基层组织进行日常监督提供了可能性和必要性。

根据新形势下党内日常监督面临的主要问题，基层组织要严格党的组织生活，开展批评和自我批评，监督党员切实履行义务，保障党员权利不受侵犯；要了解党员、群众对党的工作和党的领导干部的批评和意见，定期向上级党组织反映情况，提出意见和建议；要维护和执行党的纪律，发现党员、干部违反纪律问题及时教育或者处理，问题严重的应当向上级党组织报告。

## 六、党员民主监督

党员民主监督是党内监督中具有普遍性质的监督，也是其他各种党内监督的基础。

加强党内监督是一项系统工程，需要全体党员的共同努力。根据党章规定，党员有“在党的会议上有根据地批评党的任何组织和任何党员，向党负责地揭发、检举党的任何组织和任何党员违法乱纪的事实，要求处分违法乱纪的党员，要求罢免或撤换不称职的干部”的权利。党员进行民主监督，是行使党章赋予权利的具体体现。

党员在党内具有主体地位。党员民主监督权的实现程度是党内民主发展程度的重要衡量尺度。党内民主既是我们党政治生活追求的目的，也是实现党的政治理想的手段。广大党员是党内生活的主体，党内民主的发扬情况，离不开党员民主监督作用的充分发挥。如果不能让最大多数的党员在党内充分发挥民主监督权，那么就不能实现对党内的消极腐败现象进行普遍监督，就会影响党内政治生态的健康发展。充分发挥党内民主，能够调动广大党员发挥民主监督权利的热情；充分调动广大党员发挥民主监督权利的热情，又是实现党内民主的重要体现。

党员应当本着对党和人民事业高度负责的态度，加强对党的领导干部的民主监督，及时向党组织反映群众意见和诉求，要在党的会议上有根据地批评党的任何组织和任何党员，揭露和纠正工作中存在的缺点和问题，要参加党组织开展的评议领导干部活动，勇于触及矛盾问题、指出缺点错误，对错误言行敢于较真、敢于斗争，要向党负责地揭发、检举党的任何组织和任何党员违法乱纪的事实，坚决反对一切派别活动和小集团活动，同腐败现象作坚决斗争。

进行民主监督，既是党员的权利，又是党员的义务。全体党员都要认真学习《条例》内容，领悟《条例》精神，按《条例》要求严格进行监督，不畏难、不避险、不徇私、不枉法，以实际行动践行好党员民主监督的权利和义务。同时党组织也会严格保护勇于进行民主监督的党员，对于干扰妨碍监督、打击报复监督者的，依纪将严肃处理，确保党员进行民主监督的权利能够得到有效行使。

# 专题五　坚持党内监督与外部监督相结合，充分发挥外部监督作用

坚持党内监督和外部监督相结合，是中国共产党自身建设的一条成功经验。建党95年来，中国共产党始终保持先进性和纯洁性，团结带领全国各族人民取得中国革命、建设和改革事业一个又一个伟大胜利，就是因为不但高度重视来自党内的监督，而且重视来自外部的监督，有效促进了党的自我净化、自我完善、自我革新、自我提高，不断彰显了社会主义民主政治的鲜明特色和独特优势。

## 一、正确认识和把握党内监督与外部监督的辩证关系

对权力的制约监督是国家政权建设和政党建设的一个核心问题。我国现有权力制约监督体系是一个内容十分丰富的大系统。就整体而言可以划分为两大子系统：一是权力系统内部的制约监督；二是权力系统外部对权力的制约监督。要达到理想的权力制约监督效果，必须将来自权力系统内部的制约监督和来自权力系统外部的制约监督结合。

### （一）党内监督是党和国家权力运行制约监督体系的核心

政党本身是现代民主政治的产物，它从产生之日起就肩负着推动民主政治发展的神圣历史使命。党内监督是任何一个政党生存、发展和壮大的内在要求。无产阶级政党尤为如此。对权力的制约监督，最

重要的是来自权力系统内部的制约监督，权力系统内部的制约监督是最基本最有效的权力制约监督手段，也是当代中国特色权力制约监督体系的核心组成部分。中国共产党的领导和执政地位决定了党内监督在党和国家各种监督形式中是最基本的、第一位的。加强党内监督，对于提高党的执政能力，保持党的工人阶级先锋队、中国人民和中华民族的先锋队性质，巩固党的执政地位，具有十分重大的现实意义。

治国必先治党，治党务必从严。党自身监督如何，不但关系党的建设的成败得失，关系党的路线方针政策的正确与否，还会对整个国家权力制约监督体制产生重大而深远的影响。党的十一届三中全会以来，随着社会主义民主与法制的不断发展，我国已初步形成了由执政党监督、人大监督、司法监督、行政监督、民主监督、社会监督等构成的多元化权力监督制约体系。我国权力制约和监督系统涉及面之广，制约监督主体之多，在历史上都是比较少见的。客观地讲，现有权力制约监督系统对于遏制腐败现象和不正之风的滋长，整合不同的社会阶层向着共同的奋斗目标前进，对于维护社会稳定，推动中国特色社会主义建设事业的顺利发展发挥了积极的作用。但是，我国的权力制约监督体系还不够完善，例如，党与政之间的权力制约和监督关系尚未完全理清，人大对行政机关的监督仍显薄弱，党务、政务公开程度尚不令人满意，这些问题都迫切需要解决。有的地方和部门出现党的领导弱化、党的建设缺失、全面从严治党不力等问题。党的观念淡漠、组织涣散、纪律松弛，管党治党失之于宽松软，都同党内监督缺失密切相关。在国家权力制约监督体制总体上不够健全的情况下，首先必须抓好党内监督。党内监督实效，其他监督必然失灵。党内监督对国家权力制约体系的发展发挥着重要的示范和导向作用。只有以党内监督带动其他监督、完善监督体系，才能为全面从严治党提供有力保障；只有将党内监督和其他监督协调起来，才能推进国家治理体系和治理能力现代化。党的十八大以来，党中央管党治党各项工作层层推进、步步深入，党内监督已成为从严治党的重要利器。党的十八届六中全会深入分析全面从严治党面临的形势任务，就新形势下不断完善党内监督、规范权力运行作出了重要部署。十八届六中全会审议通过的《关于新形势下党内政治生活的若干准则》明确指出："监督是权力正确运行的根本保证，是加强和规范党内政治生活的重要举措。""必须加强对领导干部的监督，党内不允许有不受制约的权力，也不允许有不受监督的特殊党员。"《中国共产党党内监督条例》进一步明确党内监督的重要任务和内容，突出强调党内监督没有禁区、没有例外，为保持党的肌体健康、净化政治生态提供了基本遵循和有力保障。

### （二）外部监督是党和国家权力运行制约监督体系的重要组成部分

开展党内监督，不仅有内部的自上而下、自下而上和平行监督等相结合的问题，而且还有一个党内监督与外部监督相结合的问题。对一党长期执政的中国共产党来说，在加强党内监督的同时保证党的各级组织和党员领导干部能够自觉接受外部监督显得尤为重要。只有把党内监督与外部监督紧密结合起来，真正建立起上下沟通、内外互补、共同作用的社会监督网络，才能真正保证党内监督的顺利发展，进而推进整个权力制约监督机制的顺利发展。

中国共产党在注意加强和改善党内监督的同时，历来就非常重视发挥外部监督的积极作用，不断促进党内监督与外部监督的有机结合、协调发展。1944 年 6 月 12 日，毛泽东在答中外记者团时指出："中国是有缺点，而且是很大的缺点，这种缺点，一言以蔽之，就是缺乏民主。"1945 年 7 月初，毛泽东在著名的"窑洞对"中，就民主人士黄炎培提出的历史周期律问题，明确指出"我们已经找到新路，我们能跳出这周期律。这条路就是民主；只有让人民来监督政府，政府才不敢松懈；只有人人起来负责，才不会人亡政息"。新中国成立以后，中国共产党更加重视外部监督，还制定了许多具体办法和措施，充分发挥外部监督的积极作用。1956 年 4 月，毛泽东在著名的《论十大关系》中明确指出："究竟是一个党好，还是几个党好？现在看来，恐怕是几个党好。不但过去如此，而且将来也可以如此，就是长期共存，互相监督。”1957年6月，毛泽东在《关于正确处理人民内部矛盾的问题》一文中指出：“为什么要让民主党派监督共产党呢？这是因为一个党同一个人一样，耳边很需要听到不同的声音。大家知道，主要监督共产党的是劳动人民和党员群众。但是有了民主党派，对我们更为有益。”邓小平在1957年4月初的一次讲话中说：“所谓监督来自三个方面。第一，是党的监督；第二，是群众的监督；第三，是民主党派和无党派人士的监督。”1980年8月18日在中共中央政治局扩大会议上，邓小平发表了《党和国家领导制度的改革》的讲话。他指出，为了限制和约束滥用权力的现象，“要有群众监督制度，让群众和党员监督干部，特别是领导干部。凡是搞特权、特殊化，经过批评教育而又不改的，人民就有权依法进行检举、控告、弹劾、撤换、罢免，要求他们在经济上退赔，并使他们受到法律、纪律处分”。江泽民同志在庆祝人民政协成立五十周年大会讲话中指出：“在当代中国，共产党处于执政地位，需要始终接受人民群众的监督和批评，当然也需要始终接受一直与自己保持密切合作的各民主党派的监督和批评。”以胡锦涛同志为核心的中央领导集体，坚持以邓小平理论和“三个代表”重要思想为指导，认真总结多年来理论和实践方面的探索和经验，在全面推进党内监督和外部监督相互配合、相互促进的基础上，第一次以党内法规的形式，明确了党内监督和外部监督的关系，使党的组织和党员领导干部自觉接受并正确对待党和人民群众监督的意识大为增强。

当前，我国正处于经济、社会高速发展的特定历史阶段，党和国家面临着空前严峻的权力考验。这种形势对中国特色权力制约和监督系统的运行质量及其整体效能提出了极高的要求。正因为如此，《中国共产党党内监督条例》提出“党内监督要与外部监督相结合”，并就党内监督和外部监督相结合作出新的明确规定，“各级党委应当支持和保证同级人大、政府、监察机关、司法机关等对国家机关及公职人员依法进行监督，人民政协依章程进行民主监督，审计机关依法进行审计监督”。党的执政活动需要来自外部监督的作用，支持和保证国家的立法、司法、行政机关积极主动、独立自主、协调一致地行使职权，使人大及其常委会的权力监督、人民政协的民主监督、政府的审计监督、检察院和法院的司法监督各司其职、各负其责，严格按照宪法和法律规定的任务、方式和程序、措施开展监督，促进不同监督主体的统筹协调，实现监督的有序衔接，实现党的自我监督和外部监督相结合。

### （三）党内监督与外部监督的内在联系

党内监督和外部监督的根本出发点都是为了维护党和人民的根本利益，一致性是党内监督与外部监督相统一的基石。坚持党内监督与外部监督相结合，就要充分把握这两种监督的内在联系。一是党内监督与外部监督互为条件。党内监督虽然在整个监督体系中处于核心地位，但这种监督必须以群众监督为基础，以法律监督为保证。反之，如果群众监督、法律监督离开了执政党监督，其作用也是难以充分发挥的。二是党内监督与外部监督相互渗透。从监督对象的分布来看，具有交叉性，即你中有我，我中有你。这些监督对象并不都是集中在各监督体系之内，而是交叉分布在各个部门之中。如行政机关内，既有行政干部，又有党的组织和党员，还有一般群众。因此，在行政机关中既有行政监督对象，又有党内监督、法律监督、社会监督和舆论监督的对象。三是党内监督与外部监督相互补充。任何一个方面的监督都不可能独自承担起整个国家政治、经济和社会生活的全部监督任务。因此，各个监督体系之间必须在监督职能上互相补充。四是党内监督与外部监督相互协调。在开展监督的过程中，各监督系统常常会遇到一些牵涉面广、政策性强、互有交叉或管辖不明确的疑难问题和案件，就需要各监督系统在日常工作中加强联系，共同研究监督中遇到的疑难问题和重大案件，统一各监督部门的认识和行动，协调工作关系。如在开展外部监督时，如果发现被监督者有严重的违反党纪的行为，那这已经不是外部监督所能处理的事情了，应及时向有关党组织通报情况，提供必要的信息材料。同样，在开展党内监督时，发现通过党内监督难以解决的问题，如违法犯罪问题，就可以移送司法机关处理。

正确认识和把握党内监督与外部监督的辩证关系对党的各级组织的实际工作有重要指导意义。党的各级组织在加强党内监督的同时，要注重外部监督，要认真受理、仔细核查、及时反馈通过外部监督的渠道所反映的各种问题。对于外部监督揭露出来的党组织或者党员的违法乱纪行为，有的要及时启动党内监督程序，以党内法规为依据严肃处理。而要做到这一点，就要从制度层面作出必要的规定，对党组织、党员和干部实行严格监督，逐步使社会监督、舆论监督、行政监督、权力机关监督、人民政协及各民主党派和无党派民主人士的监督等外部监督的各种形式，从权力的产生、行使、制约、罢免等权力运行的各个环节，到知情、建议、检查、处置等监督的各种方式和程序，都有法可依、有章可循，以形成一种国家法律、行政规章和党内制度有机统一，互相衔接，成龙配套，覆盖全面的监督网络，确保外部监督的开展落到实处。

## 二、支持和保证人大、政府专门机关、司法机关依法履行监督职能

党内监督与外部监督要密切配合、互相支持，才能真正形成合力，对执政党进行卓有成效的监督。要做到这一点，首先就要把党内监督与国家专门机关监督结合起来。《中国共产党党内监督条例》第 37 条明确规定：各级党委应当支持和保证同级人大、政府、监察机关、司法机关等国家机关及公职人员依法进行监督。这一重大观点和重要部署，充分体现了以习近平同志为核心的党中央对科学执政、民主执政、依法执政的清醒认识和责任担当，是我们党推动自我监督和外部监督相结合、完善权力运行监督制约机制的重大制度设计，也是推进党的

建设新的伟大工程，深化全面从严治党的重要制度安排。

### （一）支持和保证各级人大依法履行国家权力机关的监督职能

在我国，一切权力属于人民，人民行使国家权力的机关是全国人大和地方各级人大。国家权力机关为了维护宪法和法律的尊严，保护人民的根本利益，代表国家和人民的意志，依法对由自己产生的国家行政、审判、检察机关及其组成人员的工作以及宪法和法律的实施进行监督。人大监督是代表国家和人民行使的最高形式的监督，它是以人民做后盾，以国家强制力做保证的国家权力监督。因此，强化人大监督机制是制约行政权力、防止权力腐败的重要途径。

为保障全国人民代表大会常务委员会和县级以上地方各级人民代表大会常务委员会依法行使监督职权，发展社会主义民主，推进依法治国，第十届全国人大常委会根据《中华人民共和国宪法》于 2006 年 8 月 27 日审议通过《中华人民共和国各级人民代表大会常务委员会监督法》。该法明确规定：各级人民代表大会常务委员会对本级人民政府、人民法院和人民检察院的工作实施监督，促进依法行政、公正司法。各级人民代表大会常务委员会行使监督职权的情况，应当向本级人民代表大会报告，接受监督。各级人民代表大会常务委员会行使监督职权的情况，向社会公开。

人大对“一府两院”的监督依其性质分为法律监督和工作监督。人大的法律监督主要是指国家权力机关对行政机关、审判机关、检察机关和下级国家权力机关违反宪法和法律的行为进行监督。根据监督对象的不同，可以把法律监督概括为两个方面：一是全国人大及其常委会对于被认为同宪法和法律相抵触的国务院的行政法规、决定和命令，国务院各部、委的命令、指示和规章，中央军委的决定和命令，省级人大及其常委会的地方性法规和决议，以及省级人民政府的决定、命令和规章进行监督；地方各级人大及其常委会对于被认为同宪法、法律、行政法规、地方性法规以及上级和本级人大及其常委会的决议相抵触的同级行政机关的决定、命令和规章，以及下级人大及其常委会的决议进行监督。二是全国人大及其常委会对于被认为同宪法和法律相抵触的审判机关、检察机关的司法批复、解释以及对有关案件的判决、裁定和决议进行监督；地方各级人大及其常委会对于被认同宪法、法律、行政法规、地方性法规以及上级和本级人大及其常委会的决议相抵触的同级审判机关、检察机关的批复、有关案件的判决、裁定和决定进行监督。工作监督主要是指人大对行政机关、审判机关、检察机关的行政管理工作、审判工作和检察工作是否符合宪法和法律；是否符合国家政策；是否符合上级和同级人大及其常委会的决议；是否符合人民群众的根本利益和意志进行监督。

从近年全国人大常委会依法行使监督职权的实践看，常委会围绕中心、服务大局、突出重点，推动党中央重大决策部署贯彻落实，促进依法行政、公正司法，在增强监督实效上取得了新进展。主要表现在以下几个方面。一是加大执法检查力度。执法检查是人大监督的法定形式和重要途径。常委会检查职业教育法、消费者权益保护法、农业法、水污染防治法、老年人权益保障法、民族区域自治法等法律的实施情况。二是加强预算决算审查监督。常委会依法听取审议决算、审计工作、预算执行情况等报告。要求各级政府和有关部门认真贯彻实施修改后的预算法，深化财税体制改革，规范预决算编制和管理，推进财政资金统筹使用，提高财政资金使用绩效。三是促进经济持续健康发展。常委会听取审议关于国民经济和社会发展计划执行情况报告，听取审议关于信息化建设及推动信息化和工业化深度融合发展、稳定和完善农村土地承包关系等工作情况的报告。组织有关专门委员会、工作委员会围绕“十三五”时期经济社会发展若干重要问题开展专题调研，形成专题调研报告。四是推动保障和改善民生。保障改善民生、促进社会公平正义，是常委会监督工作的重点。在听取审议关于公共文化服务体系建设工作情况报告中，常委会要求有关方面创新公共文化管理体制和运行机制，让人民群众享有更多更好的文化发展成果。在听取审议关于深化医药卫生体制改革工作进展情况报告中，常委会提出，加强顶层设计，完善体制机制，推进健康中国建设。五是继续加强对司法工作的监督。常委会听取审议最高人民法院关于行政审判工作情况报告，最高人民检察院关于刑罚执行监督工作情况报告，提出要认真贯彻实施修改后的行政诉讼法，提高行政审判工作水平；规范和完善刑罚执行监督机制，严格适用减刑、假释、保外就医程序。此外，常委会还把健全监督工作机制、完善监督工作方式方法，作为加大监督力度、增强监督实效的重要途径，进行了一些新的探索。一是研究提出《关于改进审计查出突出问题整改情况向全国人大常委会报告机制的意见》。2015 年 6 月，常委会听取审议国务院年度审计工作报告，对查出的问题提出整改意见。2015 年 12 月，常委会听取审议了国务院关于审计查出问题整改情况的报告，并结合审议报告进行了专题询问。这在人大监督工作方面还是第一次。二是研究提出《关于改进完善专题询问工作的若干意见》，结合审议职业教育法、水污染防治法两个执法检查报告分别开展专题询问，拓宽了专题询问的范围；国务院领导同志在常委会会议上作专项工作报告，参加常委会联组会议，回答询问、听取意见，参加常委会执法检查组会议，充分体现了政府对人大负责、受人大监督和加快建设法治政府的精神。

### （二）支持和保证政府专门机关履行法定职能，依法进行监督

行政监督本义是监督行政，是指作为依法享有行政监督权的监督主体对各级国家行政机关及其公务员行使国家行政权所实施的监督。狭义的行政监督是指行政机关内部上下级之间，以及专设的行政监察、审计机关对行政机关及其公务人员的监督。它分为一般监督、专门监督和特种监督。一般监督是指国家行政机关在上、下级行政隶属关系上产生的一种相互监督的关系和活动。一般监督是行政机关内部监督体系中最重要的部分，也是最为广泛的一种监督，具有直接性、经常性和广泛性等特点。专门监督是指行政监察机关的监督，是政府内部

设立的专门行使监察权的监察机关，对国家所有行政部门的公共行政管理工作以及国家公务员的行政行为所进行的全面的监督。特种监督是指审计监督，是国家审计机关依法对国家行政机关和企事业单位的财务收支以及有关经济业务活动所进行的审查和监督。政府专门机关的监督主要指行政监察机关的监督和审计机关的监督。

行政监察的目的是保证政令畅通，维护行政纪律，促进廉政建设，改善行政管理，提高行政效能。《中华人民共和国宪法》规定，国务院“领导和管理民政、公安、司法、行政和监察等工作”，由此确立了行政监察在我国政治体制中的地位。2010 年 6 月全国人大常委会修订的《中华人民共和国行政监察法》规定：国务院监察机关对国务院各部门及其公务员、国务院及国务院各部门任命的其他人员以及省、自治区、直辖市人民政府及其领导人员实施监察。县级以上地方各级人民政府监察机关对本级人民政府各部门及其公务员、本级人民政府及本级人民政府各部门任命的其他人员以及下一级人民政府及其领导人员实施监察。县、自治县、不设区的市、市辖区人民政府监察机关还对本辖区所属的乡、民族乡、镇人民政府的公务员以及乡、民族乡、镇人民政府任命的其他人员实施监察。

监察机关对监察对象执法、廉政、效能情况进行监察，履行的职责包括：一是检查国家行政机关在遵守和执行法律、法规和人民政府的决定、命令中的问题；二是受理对国家行政机关及其公务员和国家行政机关任命的其他人员违反行政纪律行为的控告、检举；三是调查处理国家行政机关及其公务员和国家行政机关任命的其他人员违反行政纪律的行为；四是受理国家行政机关公务员和国家行政机关任命的其他人员不服主管行政机关给予处分决定的申诉，以及法律、行政法规规定的其他由监察机关受理的申诉；五是法律法规规定由监察机关履行的其他职责。通过行政监察机关的监督，可以及时纠正错误的行政决策，防止国家和公众利益受到损害，制止和纠正行政机关工作人员的各种违法失职行为，促进行政机关改进工作，提高效率。《中华人民共和国行政监察法》明确规定：监察机关依法行使职权，不受其他行政部门、社会团体和个人的干涉。监察工作必须坚持实事求是，重证据、重调查研究，在适用法律和行政纪律上人人平等。监察工作应当实行教育与惩处相结合、监督检查与制度建设相结合。

审计机关监督的目的是维护国家财政经济秩序，提高财政资金使用效益，促进廉政建设，保障国民经济和社会健康发展。根据《中华人民共和国宪法》的有关规定，我国于 1983 年 9 月建立了国家专门审计监督机关，形成了由国家审计、部门单位内部审计和社会审计组成的审计监督体系。一是国家审计机关。在中央，是国家审计署，在国务院总理的领导下，组织领导全国的审计工作；在地方是县级以上地方各级人民政府设立的审计局。二是部门单位内部审计机构。国家金融机构、国有大中型企业、大型基建项目的建设单位根据需要设立内部审计机构，独立行使审计职权，但在业务上要接受国家审计机关的指导。三是社会审计组织。目前主要有会计师事务所和审计师事务所，他们从事审计工作，必须接受国家机关、企事业单位或个人的委托，接受审计机关的管理和指导做出的审计报告应当报送审计机关审定。

根据现行《中华人民共和国审计法》的规定，审计机关具有以下法定职权：一是审计机关有权要求被审计单位按照规定报送预算或者财务收支计划、预算执行情况、决算、财务报告、社会审计机构出具的审计报告，以及其他与财政收支或者财务收支有关的资料，被审计单位不得拒绝、拖延和谎报。二是审计机关有权检查被审计单位的会计凭证、会计账簿、会计报表以及其他与财政收支或者财务收支有关的资料和资产被审计单位不得拒绝。三是审计机关有权就审计事项的有关问题向有关单位和个人进行调查并取得有关证明材料，有关单位和个人应当支持、协助审计机关工作，如实向审计机关反映情况，提供有关证明材料。四是审计机关对被审计单位正在进行的违反国家规定的财政收支、财务收支行为，有权予以制止，制止无效的，经县级以上审计机关负责人批准，通知财政部门和有关主管部门暂停拨付与违反国家规定的财政收支、财务收支行为直接有关的款项，已经拨付的，暂停使用。五是审计机关有权向政府有关部门通报或者向社会公布审计结果，但应依法保守国家秘密和被审计单位的商业秘密。六是审计机关发现被审计单位违反国家规定的财政、财务收支行为，有权依法作出处理。《中华人民共和国审计法》明确规定，审计机关和审计人员办理审计事项，应当客观公正，实事求是，廉洁奉公，保守秘密。审计机关依照法律规定的职权和程序，进行审计监督。审计机关依照法律规定独立行使审计监督权，不受其他行政机关、社会团体和个人的干涉。

### （三）支持和保证司法机关依法独立公正地行使司法监督

司法监督是指人民法院和人民检察院通过履行宪法法律赋予的审判、监察职能，依法对国家机关及公职人员行使权力进行监督。司法监督作为外部监督的一种，主要监督国家机关及公职人员遵守法律的情况，是党内监督的重要延伸。支持和保证司法机关依法进行监督，是实现党内监督和外部监督相结合，努力形成科学有效的权力运行制约监督体系的重要保证。

与其他监督相比，司法监督具有鲜明特点、发挥着重要作用。司法监督由专门主体即人民法院和人民检察院进行，基本途径是通过司法办案，对国家机关及公职人员违法行使职权行为进行审查纠正。人民法院主要是通过审理行政诉讼案件，解决行政争议，保障公民、法人和其他组织的合法权益，监督行政机关依法行使职权；审理国家工作人员职务犯罪案件，对触犯法律的腐败分子依法定罪。人民检察院主要通过对涉嫌犯罪的国家工作人员立案侦查、审查逮捕、审查起诉、提起公诉，以及结合办案预防职务犯罪，对国家工作人员遵守法律、廉政勤政情况进行监督；依法对刑事诉讼、民事诉讼、行政诉讼和执行活动进行监督，纠正和防止执法司法权滥用，促进严格执法、公正司法，保障国家法律统一正确实施；对在履行职责中发现行政机关违法行使职权或者不行使职权的行为，通过督促起诉、提起公益诉讼、完善监察建议工作机制等方式督促其纠正，促进依法行政。人民法院和人民检察院进行司法监督受到严格的法律规制和程序约束，必须遵循刑事诉讼法、民事诉讼法、行政诉讼法等法律规定的监督权限、受案范围、监督条件、监督方式、监督程序、法律效力、救济途径，确保依法规范监督。司法监督以国家法律为后盾，每一个具体的监督行为必然产生具体的法律后果，其结果具有普遍约束力和法律上的强制力。

党的十八大以来，以习近平同志为核心的党中央认真总结我们党加强权力运行制约监督的理论创新、实践探索和制度建设经验，对各级党委支持和保证司法机关对国家机关及公职人员依法进行监督提出了明确具体、可操作性的部署要求。党的十八届四中全会强调，建立领导干部干预司法活动、插手具体案件处理的记录、通报和责任追究制度。2015 年 3 月，中共中央办公厅、国务院办公厅印发的《领导干部干预司法活动、插手具体案件处理的记录、通报和责任追究规定》指出，任何党政机关和领导干部都不得让司法机关做违反法定职责、有碍司法公正的事情；干预司法活动、插手具体案件处理的情况，应当纳入党风廉政建设责任制和政绩考核体系，作为考核干部是否遵守法律、依法办事、廉洁自律的重要依据。2016 年 7 月，中共中央办公厅、国务院办公厅印发的《保护司法人员依法履职法定职责规定》指出，建立健全司法人员依法履职法定职责保护机制，不得安排法官、检察官从事超出法定职责范围的事务，非因法定事由、非经法定程序不得将法官、检察官调离、免职、辞退或者作出降级、撤职等决定，依法从严惩处干扰阻碍司法活动，威胁、报复陷害、侮辱诽谤、暴力伤害司法人员及其近亲属的行为。党的十八届六中全会通过的《关于新形势下党内政治生活的若干准则》明确指出，党的各级组织和领导干部必须在宪法法律范围内活动，增强法治意识、弘扬法治精神，自觉按法定权限、规则、程序办事，决不能以言代法、以权压法、徇私枉法，决不能违规干预司法。《中国共产党党内监督条例》进一步规定，建立健全党的领导干部插手干预重大事项记录制度，发现利用职务便利违规干预干部提拔任用、工程建设、执纪执法、司法活动等问题，应当及时向上级党组织汇报。各级党委应当旗帜鲜明地支持司法机关开展司法监督，支持司法机关依法办案，坚决排除地方和部门保护主义的干扰，为司法机关依法履职创造良好的环境。

司法机关必须从保持党的先进性和纯洁性、促进党和国家各项工作法治化的高度，牢记职责使命、坚守责任担当，突出监督重点，加大监督力度，维护社会大局稳定、促进社会公平正义。《关于新形势下党内政治生活的若干准则》明确规定，全党必须严格执行重大问题请示报告制度。最高人民法院、最高人民检察院党组要定期向党中央汇报工作，研究涉及全局的重大事项或作出重大决定要及时向党中央请示汇报，执行党中央重要决定的情况要专题报告。遇有突发性重大问题要及时向党中央请示报告。地方各级人民法院、人民检察院党组要自觉接受同级党委领导、向同级党委负责，重大事项和重要情况及时向同级党委请示报告。司法机关发现党的领导干部违反党规党纪、需要党组织处理的，应当及时向有关党组织报告。司法机关应当健全与纪检监察机关、公安机关协作配合、相互移送案件线索等制度，在办案中既要加强协作、相互配合，又要严格依法、确保规范。司法机关要认真落实党中央关于纪法分开、纪严于法、纪在法前的要求，在审查案件线索、初查、立案、起诉、审判等各个环节，既要审查是否构成职务犯罪，又要注意发现是否违反党规政纪，并及时向有关党组织报告、提出处理意见，促进受到刑事责任追究，或者不构成犯罪但涉嫌违纪的，应当移送纪委依纪处理，真正实现纪法衔接。《中国共产党党内监督条例》明确规定，“执法机关和司法机关依法立案查处涉及党的领导干部案件，应当向同级党委、纪委通报”。司法机关依法立案查处党的领导干部案件时，要严格执行职务犯罪要案请示报告制度，在立案侦查、侦查终结、移送审查起诉、提起公诉等各个重要阶段，都要及时向同级党委请示报告，向同级纪委通报。对国家机关及公职人员进行监督，尤其立案查处党的领导干部案件，政治性、政策性、敏感性都很强，必须自觉接受党的领导。《中国共产党党内监督条例》规定，司法机关向同级党委、纪委通报后，该干部所在党组织应当根据有关规定，终止其相关党员权利。这有利于涉嫌违法犯罪的党员干部所在的党委、纪委及时掌握动态情况，履行管党治党主体责任和监督责任，使腐败分子在受到法律处罚的同时也应受到应有的党纪处分。

司法机关在依法监督的同时，必须加强自身建设，健全内控机制，自觉接受党内监督、行政监督、民主监督、社会监督，确保权力受到严格约束。发现司法机关及其工作人员有违反纪律问题的，必须严肃处理。要严格依法按程序对涉嫌严重违法行为进行调查，任何组织和个人不得自行决定或受指使对党员、干部采取非法调查手段。对违反规定的，或以监督为名侮辱、诽谤、诬陷他人的，严肃追究纪律和法律责任。

### （四）加强党内监督和外部监督主体在执纪执法上的协调配合

在全面依法治国的背景下，要善于使党的主张通过法定程序成为国家意志，把党的领导体现在立法、执法、司法全过程。各执纪执法监督主体对党组织和党员干部的监督，要把纪律挺在法律前面，既要各司其职、分工协作，又要配套联动、相得益彰。有关国家机关发现党的领导干部违反党规党纪、需要党组织处理的，应当及时向有关党组织报告。审计机关发现党的领导干部涉嫌违纪的问题线索，应当向同级党组织报告，必要时向上级党组织报告，并按照规定将问题线索移送相关纪律检查机关处理。党组织在纪律审查中发现党的领导干部严重违纪涉嫌犯罪的，应当先作出党纪处分决定，再移送行政机关、司法机关处理。执法机关和司法机关依法立案查处涉及党的领导干部案件，应当向同级党委、纪委报告；该干部所在党组织应当根据有关规定，中止其相关党员权利；依法受到刑事责任追究，或者虽不构成犯罪但涉嫌违纪的，应当移送纪委依纪处理。

## 三、充分发挥政协、民主党派和无党派人士的民主监督作用

依法实行民主监督，保证人民群众行使监督的权利是建设社会主义民主政治的重要内容。《中国共产党党内监督条例》指出，各级党委应当支持和保证“人民政协依章程进行民主监督”，“各级党组织应当支持民主党派履行监督职能，重视民主党派和无党派人士提出的意见、批评、建议，完善知情、沟通、反馈、落实等机制”。

### （一）支持和保证人民政协依照章程开展民主监督

人民政协是中国共产党把马克思列宁主义统一战线理论、政党理论和民主政治理论同中国具体实践相结合的伟大创造，是中国共产党同各民主党派、人民团体和各族各界人士风雨同舟、团结奋斗的伟大成果。人民政协是中国人民爱国统一战线的组织，是中国共产党的多党合作和政治协商的重要机构，是我国生活中发扬社会主义民主的重要形式。人民政协民主监督具有其他监督形式不可替代的独特作用，与其他监督形式共同构成我国社会主义监督体系。人民政协民主监督不同于人大的法律监督、政府的行政监督以及司法机关的司法监督，它是以人民政协章程为依据、以人民政协组织为载体、以批评和建议为主要形式进行的一种监督。政协章程是人民政协履行职能的根本准则和基本遵循，人民政协民主监督必须依章程进行，这是《中国共产党党内监督条例》的明确要求。人民政协民主监督与一般的社会监督、舆论监督、群众监督不同，它是一种体现团结、合作、协商精神的监督，是中国共产党领导的多党合作和政治协商的重要内容，是我国社会主义民主的重要形式。人民政协的民主监督也不同于党内监督，它是参加人民政协的各党派团体和各族各界人士通过政协组织对国家机

关及其工作人员的工作进行的监督，是中国共产党在政协中与各民主党派和无党派人士之间进行的互相监督。1949 年中国人民政治协商会议成立后，就把提出意见、建议和批评作为一项重要工作，作为我们党同各民主党派、无党派人士互相监督的主要平台。1954 年 12 月，毛泽东在同各民主党派、无党派人士座谈人民政协工作时指出，“提意见”是人民政协五大任务之一，明确肯定人民政协的监督作用。1982 年 12 月，全国政协五届五次会议首次将民主监督写进中国人民政治协商会议章程。邓小平指出：“今后人民政府要广泛联系各界人士，充分发挥民主协商和监督作用。”江泽民同志指出，人民政协的政治协商和民主监督“对发扬民主、建设社会主义民主政治具有重大意义”。胡锦涛同志指出，“要积极发挥人民政协通过提出建议和批评，对国家宪法、法律和法规的实施，重大方针政策的贯彻执行、国家机关及其工作人员工作的监督作用”。

党的十八大以来，以习近平同志为核心的党中央就高度重视发挥人民政协民主监督作用。十八大报告首次提出“社会主义协商民主是我国人民民主的重要形式”的重要论断，强调“充分发挥人民政协作为协商民主重要渠道作用”。2016 年 2 月，《中共中央关于加强人民政协工作的意见》进一步明确了人民政协的民主监督性质，丰富了民主监督内涵，进一步推进人民政协民主监督制度化、规范化、程序化。《中共中央关于加强人民政协工作的意见》明确指出：“人民政协的主要职能是政治协商、民主监督、参政议政。”人民政协民主监督的主要内容是“国家宪法、法律和法规的实施，重大方针政策的贯彻执行，国家机关及其工作人员的工作，参加政协的单位和个人遵守政协章程和执行政协决议的情况”。人民政协民主监督的主要形式有：政协全体会议、常委会议、主席会议向党委和政府提出建议案；各专门委员会提出建议或有关报告；委员视察、委员提案、委员举报、大会发言、反映社情民意或以其他形式提出批评和建议；参加党委和政府有关部门组织的调查和检查活动；政协委员应邀担任司法机关和政府部门特约监督人员等。各级党委和政府要认真倾听来自人民政协的批评和建议，自觉接受民主监督。要完善民主监督机制，在知情环节、沟通环节、反馈环节上建立健全制度，畅通民主监督的渠道。党委和政府的监督机构以及新闻媒体要密切与人民政协的联系，加强工作协调和配合，提高民主监督的质量和成效。要切实发挥政协提案、建议案在民主监督方面的作用，对政协的提案和建议案要认真办理，及时给予正式答复。

《中国共产党党内监督条例》突出强调发挥人民政协民主监督作用，其目的是为了更好地协助中国共产党全面从严治党，始终保持先进性和纯洁性，始终成为中国特色社会主义事业的坚强领导核心。习近平总书记在庆祝中国人民政治协商会议成立 65 周年大会上的重要讲话中提出了做好人民政协工作的四项重要原则，即必须坚持中国共产党的领导，必须坚持人民政协的性质定位，必须坚持大团结大联合，必须坚持发扬社会主义民主。这也是人民政协民主监督必须坚持的重要原则。

### （二）重视民主党派和无党派人士的民主监督

要把党内监督与民主党派和无党派人士的民主监督结合起来。党与党外人士合作共事是马克思列宁主义政权理论与中国实际相结合的产物。中国共产党在中国革命、建设和改革的各个历史时期，始终注意党与党外人士的合作共事，积累了宝贵的经验。党与党外人士合作共事，贯穿于我们党领导的中国革命和建设事业的各个历史时期。1941 年，毛泽东在陕甘宁边区参议会上就抗日合作的问题，重点论述了同党外人士进行合作的必要性。毛泽东指出：“国事是国家的公事，不是一党一派的私事。因此，共产党只有对党外人士民主合作的义务，而无排斥别人、垄断一切的权利。”邓小平在谈到党与党外人士的互相监督这一问题时，认为：“党外人士能够对于我党提供一种单靠党员所不容易提供的监督，能够发现我们工作中的一些我们所没有发现的错误和缺点，能够对于我们的工作作出有益的帮助。”他说：“在国家政治生活和各项事业中，由于中国共产党居于领导地位，党的路线、方针、政策正确与否，工作得好坏，关系着国家的前途和社会主义事业的成败；同时，由于我们党的执政地位，我们的一些同志很容易沾染上主观主义、官僚主义和宗派主义习气。因此，对于我们党来说，更加需要吸取来自各个方面包括各民主党派的不同意见，需要接受各个方面的批评和监督，以利于集思广益，取长补短，克服缺点，减少错误。我们热诚地希望各民主党派和工商联以主人翁的态度，关心国家大事，热心社会主义事业，就国家的大政方针和各方面的工作，勇敢地、负责地发表意见，提出建议和批评，做我们党的诤友，共同把国家的事情办好。”“有监督比没有监督好，一部分人出主意不如大家出主意。共产党总是从一个角度看问题，民主党派就可以从另一个角度看问题，出主意。这样，反映的问题更多，处理问题会更全面，对下决心会更有利，制定的方针政策会比较恰当，即使发生了问题也比较容易纠正。”

在 2013 年年初中共中央召开的党外人士迎春座谈会上，习近平总书记指出：“各民主党派是与中国共产党通力合作的中国特色社会主义参政党。”“中国特色社会主义参政党”的提出，充分体现了中共中央对坚持和完善中国共产党领导的多党合作和政治协商制度的战略思考和科学谋划，对于充分调动民主党派的社会主义积极性，坚持和发展中国特色社会主义政党制度，充分发挥各民主党派在国家政治生活中的作用，强化团结、合作、和谐的政党关系，推进民主党派的建设和发展，都具有重大意义。2015 年 5 月，中央统战工作结束后，中共中央正式颁发《中国共产党统一战线工作条例（试行）》。这是党关于统一战线工作的第一部党内法规。《中国共产党统一战线工作条例（试行）》明确指出，民主党派是接受中国共产党领导、同中国共产党通力合作的亲密友党，是中国特色社会主义参政党。民主党派的基本职能是参政议政、民主监督，参加中国共产党领导的政治协商。无党派人士可以参照民主党派履行职能。中国共产党和各民主党派实行互相监督。中国共产党处于领导和执政地位，更需要自觉接受民主党派的监督。

民主党派和无党派人士民主监督的主要形式有：在政治协商中提出意见和建议；在党委主要负责人召开的专门会议上对党委领导班子及其成员提出意见和建议；对党委党风廉政建设和反腐败工作提出意见和建议；向党委及其职能部门提出书面意见和建议；参加党委有关方针政策、重大决策部署执行和实施情况的检查，参加廉政建设情况检查、其他专项检查和执法监督工作；受党委委托就有关重大问题进行专项监督；民主党派成员、无党派人士中的人大代表在人大会议中提出意见和建议，参加人大及其常委会和各专门委员会组织的有关调查研究；在政协召开的各种会议、组织的视察调研中提出意见，或者以提案等形式提出批评和建议；对人民法院、人民检察院工作提出意见和建议；担任司法机关和政府部门的特约人员参加相关监督检查工作。近些年来，党中央不断创新形式，创造条件发挥民主党派的监督作用。比如，在总体部署脱贫攻坚战时，中共中央请各民主党派与 8 个省份对接，对脱贫攻坚开展民主监督工作。这是中共中央赋予各民主党派履行民主监督职能的新领域，也是促进民主党派监督和党内监督有机衔接的创新实践。

## 四、发挥社会监督和舆论监督的作用

社会监督和舆论监督是党外监督的重要形式，也是完善中国特色社会主义监督体系的必要环节。党的十八大报告提出，加强党内监督、民主监督、法律监督、舆论监督，让权力在阳光下运行。《中国共产党党内监督条例》第 39 条规定："各级党组织和党的领导干部应当认真对待、自觉接受社会监督，利用互联网技术和信息化手段，推动党务公开、拓宽监督渠道，虚心接受群众批评。新闻媒体应当坚持党性和人民性相统一，坚持正确导向，加强舆论监督，对典型案例进行剖析，发挥警示作用。”这为充分发挥社会监督和舆论监督作用、深入推动全面从严治党提供了有力的制度保障。

### （一）各级党组织和党的领导干部应当认真对待、自觉接受社会监督

自觉接受社会监督是坚持党的性质和宗旨的必然要求。早在1941年，毛泽东就在陕甘宁边区参议会的演说中指出：“共产党是为民族、为人民谋利益的政党，它本身决无私利可图。它应该受人民的监督，而决不应该违背人民的意旨。”《中国共产党党内监督条例》在总则中明确规定，坚持党内监督和人民群众监督相结合。这是党中央在新形势下对全面从严治党提出的基本要求。共产党来自人民、植根人民、服务人民，除了工人阶级和最广大人民的利益，没有自己的特殊利益。这就决定了共产党必须始终保持同人民群众的血肉联系，既从人民群众中汲取智慧和力量，又自觉接受人民群众批评监督。人民群众监督既是党的性质和宗旨永不褪色的重要保证，又是人民行使当家作主权利的重要形式。习近平总书记明确指出：“我们党有严密的组织性和纪律性，党的根本宗旨是全心全意为人民服务，那么接受组织和人民监督就天经地义。”“人民群众中蕴藏着治国理政、管党治党的智慧和力量，从严治党必须依靠人民。”共产党不是神，不可能不犯错误，自觉接受监督是一种胸怀，也是一种自信。对于任何善意的批评，各级党组织和党的领导干部都应该虚心听取，任何好的建议，都应该认真采纳。开门接受监督要做到真开门、开大门，让群众参与，让群众监督，让群众评判，正确对待、虚心接受群众的批评和建议，有则改之、无则加勉，不能不愿接受监督，甚至千方百计回避监督、抵触监督。把党内监督和社会监督有机结合起来，有利于消除监督死角、盲区，及时发现、解决党内突出问题，进一步提高党的执政能力和领导水平，提高拒腐防变和抵御风险能力。

### （二）加强社会监督体制机制建设，增强社会监督的实效性

一要继续推动政务公开，增强党组织工作的透明度。实践表明，监督对象信息公开透明，是人民群众进行有效监督的前提条件。凡作出涉及群众切身利益的重要决策都应当向社会公开，对党员群众关注的重要事项，要更加公开透明。二要扩大党务信息的普及面，为党员群众提供方便、快捷的服务，使党务公开真正成为增进群众了解党组织的好形式，让社会监督有的放矢。三要畅通人民群众举报和监督渠道，认真做好信访监督工作，及时检查处理问题，有的还应及时将处理情况反馈给反映意见的群众。四要注重现代科技在社会监督中的作用。新一轮科技革命兴起，特别是移动互联网、物联网及云计算、大数据、人工智能的发展，给监督工作提供了新途径、新手段。中央纪委监察部网站开通以来，通过设置举报专区、开设廉政留言板和加强交流互动等形式，极大地方便了人民群众监督举报。大力推广信访微信公众号、手机客户端信访应用和远程视频接访，能够方便人民群众网上投诉、评价，进一步打造开放、动态、透明、便民的“阳光信访”新模式。建立健全网络舆情收集、研判、处置机制，对人民群众和媒体反映的重要信息和线索及时跟进，能够不断聚集和提升网络监督正能量。运用大数据编织制约权力的笼子，使权力运行过程全程电子化、处处留痕迹，能够增强监督工作预见性、精确性、高效性，增强监督结果可信度、说服力。建立情况明、数据准、可监控的数据库，推动各类监督信息跨地区、跨部门互通共享，能够预防减少举报线索重复受理现象，切实提高监督工作效率。新形势下，要把科技革命与监督创新深度融合起来，通过理念的转变、科技的运用、机制的创新，实现党内监督和人民群众监督有机融合。

### （三）充分发挥新闻媒体的舆论监督作用

舆论监督作为中国特色社会主义监督体系的重要组成部分，有着

其他监督形式无法比拟的优势，在推动改革发展，推进依法治国、依规治党，维护社会主义民主法治等方面发挥着重要作用。舆论监督的主体是广大人民群众和社会各界，监督的渠道是各种大众传播媒介。舆论监督是一种非权力性监督，强制性较小。但是，在现实生活中，舆论监督的威力是不容小视的。这是因为，一是舆论监督的受众十分广泛，时效性非常强。当今世界，人们几乎找不到任何一个没有报纸杂志、电视广播、互联网等多种传媒的角落，几乎每个人都无时无刻不受到大众传媒的影响。二是舆论监督的发达与否是一国民主政治发展水平的晴雨表。舆论监督随时随地揭露、抨击社会阴暗面，官僚机构中的各种不正之风，直至官员的八小时之外也在媒体的监控之下。舆论监督将各级国家机关的权力行为完全置于玻璃房中了。这种无孔不入的特征是其他形式的监督所无法比拟的。三是舆论监督的约束力和震慑力也不容忽视。由于它代表广大人民群众的利益和愿望，体现社会主义民主的要求。加之它所凭借的大众传播媒介的特点，因而舆论监督基于正义和道德的力量，能对我国党和国家机关、各种组织以及各类人员的用权行为进行十分及时有效而有震慑力的监督。

发挥舆论监督包括互联网监督作用，需要做到以下几点。一是坚持党性和人民性相统一。只有站在全党的立场上，站在全体人民的立场上，才能真正把握好党性和人民性。2016 年 2 月 19 日，习近平总书记在党的新闻舆论工作座谈会上强调，在新的时代条件下，党的新闻舆论工作的职责和使命是：高举旗帜、引领导向，围绕中心、服务大局，团结人民、鼓舞士气，成风化人、凝心聚力，澄清谬误、明辨是非，连接中外、沟通世界。要承担起这个职责和使命，必须把政治方向摆在第一位，牢牢坚持党性原则，牢牢坚持马克思主义新闻观，牢牢坚持正确舆论导向，牢牢坚持正面宣传为主。在舆论监督过程中，要坚持党管媒体原则不动摇，把实现好、维护好、发展好广大人民根本利益作为出发点和落脚点，树立以人民为中心的工作导向，把服务群众同教育引导群众结合起来，把满足需求同提高素养结合起来，依靠人民群众开展舆论监督。二是开展舆论监督要直面问题。全面推进党和国家各项工作，确保党始终成为中国特色社会主义事业的坚强领导核心，仅仅依靠党内监督还不够，必须强化舆论监督，坚持问题导向，倾听人民呼声。新闻媒体应当直面问题，加强对党的路线方针和政策落实情况、党规党纪执行情况的监督，加大对违纪违法行为、对侵害群众利益行为的曝光力度。新闻媒体应当直面社会丑恶现象，敢于揭露批评不道德行为和不良风气，激浊扬清、针砭时弊。新闻媒体发表批评性报道要事实准确、分析客观，将落脚点放在解决矛盾、改进工作上。三是舆论监督要注重成果运用，注重对比宣传，既发挥先进典型示范引领作用，又发挥反面典型警示震慑作用。对典型案例进行剖析，深刻揭示违纪违法行为产生的深层原因，从中找出规律性的东西，举一反三、惩前毖后，提出改进工作、完善制度的建议，推动腐败问题多发领域和环节的改革，最大限度减少体制障碍和制度漏洞，切实取得舆论监督的实效。习近平总书记指出，加强和改善党对新闻舆论工作的领导，是新闻舆论工作顺利健康发展的根本保证。各级党委要自觉承担起政治责任和领导责任。领导干部要增强同媒体打交道的能力，善于运用媒体宣讲政策主张、了解社情民意、发现矛盾问题、引导社会情绪、动员人民群众、推动实际工作。

# 后　记

由于本书所涉及的问题重大，内容丰富、范围广泛，在本书的编写过程中，我们广泛听取了各方面专家学者的意见与建议。他们无论是从材料的提供、选择，还是研究的角度、思路都给我们以宝贵的帮助。

参与各篇各专题编写的人员分工如下：

导　语　（辛　鸣）

理论武装篇（杨海英）

全面从严治党篇（李宗文）

党内生活篇（李少军）

党内监督篇

专题一（刘炳香）

专题二（徐雷）

专题三、专题四（张克兵）

专题五（李卫红）

李卫红同志担任了本书主编工作，罗凌、吕倩、刘伯玉、刘建国、李娜、密珊、韩宏亮、丁伟、刘序明等同志，他们对于本书的工作与作用与具体执笔人具有同样重要的意义。在此谨一并说明并致谢。

**编　者**

2016 年 11 月 25 日